Pour découvrir
l'univers poétique
de l'auteur d'Une Charogne

Amicalement

COLLECTION POÉSIE

CHARLES BAUDELAIRE

Petits Poëmes en prose

(Le Spleen de Paris)

ÉDITION PRÉSENTÉE,
ÉTABLIE ET ANNOTÉE
PAR ROBERT KOPP
Professeur à l'Université de Bâle

nrf

GALLIMARD

INTRODUCTION

Les Fleurs du Mal *ouvrent la voie à la poésie moderne ;* les Petits Poëmes en prose *inaugurent la poésie de la modernité. La distance est celle qui sépare Delacroix de Manet, de Meryon et de Constantin Guys.*

Si les vers de Baudelaire nous apportent ce « frisson nouveau » dont a parlé Victor Hugo, ils nous transmettent également l'écho de trois siècles de poésie. Ils appartiennent à la tradition, dans le sens que Gottfried Benn a donné à ce mot : « Tradition schaffen heisst, enorm gespannte Leitungen berühren können und sie weiterführen » [1].

Il en va tout autrement pour les Poëmes en prose. *Comme l'a souligné Georges Blin, ils marquent « un commencement absolu ». Même si, au seuil de ces textes, Baudelaire rend hommage à un obscur devancier, Aloysius Bertrand.*

La poésie moderne se définit toujours par rapport à un passé ; c'est sa manière d'orienter vers l'avenir. La poésie de la modernité n'a d'ancêtres que par dérision : elle ne connaît d'éternel que le présent.

1. « Créer une tradition, c'est pouvoir toucher à des lignes chargées de haute tension et savoir les prolonger. »

Ces deux recueils, Baudelaire a pourtant voulu qu'ils se fassent « pendant » (le mot revient fréquemment sous sa plume). Il a souligné les analogies, tout en marquant les différences. A sa mère, le 9 mars 1865 : « J'espère que je réussirai à produire un livre plus singulier, plus volontaire du moins, que Les Fleurs du Mal, *où j'associerai l'effrayant avec le bouffon, et même la tendresse avec la haine. » Et à Jules Troubat, le 16 février de l'année suivante, un mois à peine avant la chute qu'il devait faire dans l'église Saint-Loup, à Namur : « Je suis assez content de mon* Spleen. *En somme, c'est encore* Les Fleurs du Mal, *mais avec beaucoup plus de liberté et de détail, et de raillerie. » Ainsi, si l'inspiration et la thématique des deux recueils se recouvrent pour une large part, l'écriture des* Fleurs du Mal *et celle des* Poëmes *en prose se développent dans des directions différentes, voire opposées. C'est ce qu'a bien vu Gustave Bourdin (Baudelaire a dû le lui souffler) qui, après avoir médit de l'œuvre en vers et de l'œuvre en prose, a publié dans* Le Figaro *du 7 février 1864 la note suivante :*

Le Spleen de Paris est le titre adopté par M. C. Baudelaire pour un livre qu'il prépare, et dont il veut faire un digne pendant aux *Fleurs du Mal.* Tout ce qui se trouve naturellement exclu de l'œuvre rythmée et rimée, ou plus difficile à y exprimer, tous les détails matériels, et, en un mot, toutes les minutes de la vie prosaïque, trouvent leur place dans l'œuvre en prose, où l'idéal et le trivial se fondent dans un amalgame inséparable. D'ailleurs, l'âme sombre et malade que l'auteur a dû supposer pour écrire *Les Fleurs du Mal* est, à peu de choses près, la même qui compose *Le Spleen de Paris.* Dans l'ouvrage en prose, comme dans l'œuvre en vers, toutes les suggestions de la rue, de la circonstance et du ciel parisiens, tous les soubresauts de la conscience, toutes les langueurs de la rêverie, la philosophie, le songe, et même l'anecdote peuvent prendre leur rang à tour de rôle. Il s'agit seulement de trouver une prose qui s'adapte aux différents états de l'âme du flâneur morose. Nos lecteurs jugeront si M. Charles Baudelaire y a réussi.

Certaines gens croient que Londres seul a le privilège aristocratique du spleen, et que Paris, le joyeux Paris, n'a jamais connu cette noire maladie. Il y a peut-être bien, comme le prétend l'auteur, une sorte de spleen parisien ; et il affirme que le nombre est grand de ceux qui l'ont connu et le reconnaîtront.

Chronologiquement, ces deux types d'écriture semblent se succéder. Il serait sans doute plus exact de dire qu'ils se sont développés parallèlement, ou qu'ils se chevauchent.

S'il est vrai que ce n'est qu'au moment de la première publication des Fleurs du Mal, *en 1857, que Baudelaire a pensé à un volume de poèmes en prose, si la majeure partie des pièces destinées à ce nouveau recueil ont été composées au moment de la deuxième édition des* Fleurs *(1861) et qu'elles se situent dans le prolongement direct des* Tableaux parisiens, *il n'en reste pas moins que les premières tentatives que Baudelaire ait faites dans le domaine de la poésie en prose remontent au temps de* La Fanfarlo.

Dans cette nouvelle, publiée en 1847, mais composée peut-être dès 1843-1844, Samuel Cramer, — l'alter ego de Baudelaire —, auteur d'un volume de poésies intitulé Les Orfraies, *évoque, au cours d'une promenade avec Mme de Cosmelly, le vert paradis de leurs amours enfantines :*

Au lieu d'admirer les fleurs, Samuel Cramer, à qui la phrase et la période étaient venues, commença à mettre en prose et à déclamer quelques mauvaises stances composées dans sa première manière.

Ces stances, ce sont trois poèmes de jeunesse (« J'aime le souvenir de ces époques nues... », « Il aimait à la voir, avec ses jupes blanches... », Un jour de pluie, signé par Prarond, mais attribué à Baudelaire), dont l'auteur transcrit en effet plusieurs passages.

Des transpositions analogues se retrouvent dans l'essai de 1851, Du Vin et du Haschish, *où Baudelaire met en prose deux autres poèmes de jeunesse,* L'Ame du Vin *et* Le Vin des Chiffonniers.

Enfin, les deux premiers poèmes en prose qui sont déclarés comme tels, Le Crépuscule du Soir *et* La Solitude, *sont publiés, en 1855, à la suite des poèmes en vers correspondants. Et des six* Poëmes nocturnes *qui, en 1857, paraissent dans* Le Présent, *quatre doublent quelques-unes des plus célèbres* Fleurs, *dont* L'Invitation au Voyage *et* Parfum exotique.

C'est donc à partir de la poésie versifiée que Baudelaire a cherché une langue nouvelle. Il a délibérément traité les mêmes sujets, mais de manières différentes. Le poème en prose, au contraire de ce que pensent certains critiques, n'est pas une étape qui conduit au poème en vers. Et le principal souci de Baudelaire a toujours été, comme il le dit dans sa lettre à Arsène Houssaye, de Noël 1861, de ne pas « avoir l'air de montrer le plan d'une chose à mettre en vers ».

Quelle est la part, dans ces exercices répétés, de la difficulté créatrice ? Infime, sans doute. La reprise des mêmes sujets a été dictée, avant tout, par la volonté d'éprouver les possibilités et les limites de deux types d'écriture et de cerner, par-delà des critères formels, l'essence même de la poésie.

« *Manier savamment une langue — a écrit Baudelaire à propos de Gautier —, c'est pratiquer une espèce de sorcellerie évocatoire.* » *Cette sorcellerie peut s'exercer au moyen du rythme et de la rime, qui* « *répondent dans l'homme aux immortels besoins de monotonie, de symétrie et de surprise* » *(projets de préface aux* Fleurs du Mal*). Par le rythme et la rime, la poésie touche à la musique. Et c'est en se servant de cette musique que Fénelon, Rousseau ou Chateaubriand ont voulu écrire une prose qui fût poétique.* « *Poème en prose* », *sous la plume de Boileau ou de l'abbé Du Bos, désigne le roman, l'épopée en prose.*

Or, en dédiant ses poèmes à Houssaye, Baudelaire rêve de créer « *le miracle d'une prose poétique, musicale sans rythme et sans rime, assez souple et assez heurtée pour s'adapter aux mouvements lyriques de l'âme, aux ondulations de la rêverie, aux soubresauts de la conscience* ». *Est-ce à dire que, renonçant au secours de la musique, cette prose accède à la poésie par les seules images ? Ce serait nier, et bien inutilement, la présence de nombreux effets de prose poétique, surtout dans les premiers en date des poèmes en prose, dans* Les Projets, *par exemple, ou dans* Un hémisphère dans une chevelure.

Nul doute, cependant, que Baudelaire ait essayé, sinon de faire taire, au moins d'assourdir la musique au profit des images. C'est d'ailleurs sur des images et sur des transpositions d'images que, souvent, son inspiration a pris appui. Parlant, dans la lettre déjà citée à Arsène Houssaye (Noël 1861) de ses Poëmes en prose, *Baudelaire ajoute :* « *J'ai dans l'idée qu'Hetzel y trouvera la matière d'un volume*

romantique à images. » *En effet, Boudin aurait pu illustrer*
L'Étranger ; *Goya* Chacun sa Chimère ; *Jongkind* Le Port.
Et, jusque dans les listes des « poèmes à faire », on
rencontre plusieurs allusions à des planches de Dürer, de
Boilly, de Rethel, de Daumier.

Le premier titre, Poëmes nocturnes, *que, de 1857 à*
1861, Baudelaire a donné à son nouveau recueil en cours,
anticipe sur l'hommage que, dans la même dédicace à
Houssaye, l'auteur rend à Gaspard de la Nuit. *Or,*
l'ambition la plus évidente de ces « fantaisies à la manière
de Rembrandt et de Callot » (tel est le sous-titre du livre de
Bertrand), est de « faire tableau ». Plus encore : souvent
ces poèmes sont des lectures d'œuvres peintes ou gravées. A
ces tableaux de la vie ancienne, Baudelaire voulait opposer
des tableaux de la vie moderne. Le pittoresque faisant place
à une plus grande abstraction.

Une merveilleuse occasion de satisfaire cette ambition
paraît s'offrir lorsqu'un éditeur lui demande des textes qui
pourraient accompagner l'album des Vues de Paris *de*
Meryon. « Voilà une occasion d'écrire des rêveries de dix
lignes, de vingt ou de trente lignes, sur de belles gravures,
les rêveries philosophiques d'un flâneur parisien », écrit-il à
Poulet-Malassis, le 16 février 1860.

Baudelaire appréciait hautement le talent de Meryon
dont il avait vanté les gravures dans le Salon de 1859 :

J'ai rarement vu représenté avec plus de poésie la
solennité naturelle d'une ville immense. Les majestés de la
pierre accumulée, les clochers *montrant du doigt le ciel,*
les obélisques de l'industrie vomissant contre le firmament
leurs coalitions de fumée, les prodigieux échafaudages des
monuments en réparation, appliquant sur le corps solide

de l'architecture leur architecture à jour d'une beauté si paradoxale, le ciel tumultueux, chargé de colère et de rancune, la profondeur des perspectives augmentée par la pensée de tous les drames qui y sont contenus, aucun des éléments complexes dont se compose le douloureux et glorieux décor de la civilisation n'était oublié.

Mais l'artiste et le poète n'arrivent pas à s'entendre. Au lieu de rêveries philosophiques, Meryon semble avoir exigé des analyses minutieuses de ses planches, que Baudelaire s'est refusé à lui fournir. Et le projet en est resté là.

Aucun des poèmes connus ne se rapporte directement à une gravure de Meryon. Mais l'espoir de cette collaboration a sans doute contribué à orienter les poèmes en prose plus nettement vers la poésie parisienne.

Parmi les titres auxquels Baudelaire a pensé au moment de confier les vingt-six premières pièces du futur recueil à Houssaye, on relève notamment Le Promeneur solitaire *et* Le Rôdeur parisien. *En effet, c'est parmi les textes composés en 1861 et en 1862 que se trouve le plus grand nombre de poèmes dont l'inspiration se rattache directement à l'épopée de la capitale.*

Ce n'est qu'à partir de 1863 que, dans sa correspondance, et, plus tard, dans l'imprimé, Baudelaire emploie le titre de Spleen de Paris *que certains éditeurs retiennent de préférence à celui de* Petits Poëmes en prose. *On leur objectera qu'il n'y a pas eu, dans l'esprit du poète, changement de titre, et que Baudelaire s'est servi, jusqu'à la fin, de l'un comme de l'autre. On ajoutera même que* Le Spleen de Paris *s'accorde mal, en fin de compte, à la variété d'un recueil dont beaucoup de pièces — telles* La Belle Dorothée, Déjà ! *ou* Le Port — *n'ont rien de spécifiquement parisien. Mais on se gardera de conclure : le volume est resté inachevé. Si, à la fin de 1861, Baudelaire annonçait à Houssaye « au minimum 40 poèmes, au maximum 50 », il s'est proposé, plus tard, de pousser jusqu'à cent. A Hetzel, le 8 octobre 1863 :* « Dans Le Spleen de Paris, *il y aura 100 morceaux — il en manque encore 30.* » *Et à Sainte-Beuve, le 4 mai 1865 :* « Faire cent bagatelles laborieuses [...]. Je n'en suis qu'à *soixante* et je ne peux plus aller. » *Le chiffre avancé correspond au nombre des poèmes de la première édition des* Fleurs du Mal.

Les listes de projets nous apprennent que Baudelaire envisageait de classer ses poèmes en prose sous différentes rubriques : « choses parisiennes », « oneirocritie » *ou* « rêves », « symboles et moralités ». *D'autres* « classes » *restaient à trouver.*

Toutefois, ces sections ne sont guère comparables à celles des Fleurs du Mal. *Il est peu probable que Baudelaire ait voulu agencer ses poèmes en prose selon une architecture secrète. Une telle structuration aurait été contraire, d'ailleurs, au principe même qui régit les lois du genre, celui de la discontinuité. A la prose* « souple » *et* « heurtée » *de chacun des poèmes correspond l'image que Baudelaire s'est faite du recueil tout entier : un* « serpent » *qu'on peut débiter par tranches ou par* « tronçons ».

Cette allure libre est celle de son inspiration même. A Sainte-Beuve, le 15 janvier 1866 : « J'ai tâché de me replonger dans le Spleen de Paris (poëmes en prose), car ce n'était pas fini. Enfin j'ai l'espoir de pouvoir montrer un de ces jours, un nouveau Joseph Delorme accrochant sa pensée rapsodique à chaque accident de la flânerie et tirant de chaque objet une moralité désagréable. Mais que ces bagatelles quand on veut les exprimer d'une manière à la fois pénétrante et légère, sont difficiles à faire. »

Le terme « rapsodique » pourrait faire penser à Pétrus Borel. Et parmi les titres que Baudelaire a retenus pour son recueil, celui de Poëmes lycanthropes *(utilisé une seule fois, en 1866), rend évidemment hommage au petit romantique. Mais de plus utiles précisions sont fournies par les* Paradis artificiels *où Baudelaire, à la suite de Poe, évoque cette « procession magnifique et bigarrée de pensées désordonnées et rapsodiques » que suggère l'ivresse opiacée. Et il ajoute : « Le mot* rapsodique, *qui définit si bien un train de pensées suggéré et commandé par le monde extérieur et le hasard des circonstances, est d'une vérité plus vraie et plus terrible dans le cas du haschisch. Ici le raisonnement n'est plus qu'une épave à la merci de tous les courants, et le train de pensées est* infiniment plus *accéléré et plus* rapsodique. »*

C'est donc des rencontres fortuites avec le monde extérieur que jaillit la poésie. Or, ces rencontres, Paris seul peut les ménager. Si les sujets de nombreux poèmes n'ont rien de spécifiquement parisien, c'est néanmoins de la capitale que Baudelaire tire son inspiration. Il le reconnaît lui-même dans une lettre que, de Bruxelles, il écrit à Sainte-Beuve, le 4 mai 1865 : « Faire cent *bagatelles laborieuses qui exigent une bonne humeur constante (bonne humeur nécessaire même pour traiter des sujets tristes), une excitation bizarre qui a besoin de spectacles, de foules, de musique, de réverbères même, voilà ce que j'ai voulu faire ! Je n'en suis qu'à soixante et je ne peux plus aller. J'ai besoin de ce fameux* bain de multitude *dont l'incorrection vous avait justement choqué. » A l'instar de Poe et, surtout, de Constantin Guys, Baudelaire s'est fait « homme des foules ».*

Dans Les Fleurs du Mal, *Baudelaire a essayé de capter l'infini dans le fini ; dans les* Petits Poëmes en prose, *il traque l'infini dans l'indéfini.* « *Dans certains états de l'âme presque surnaturels, la profondeur de la vie se révèle tout entière dans le spectacle si ordinaire qu'il soit qu'on a sous les yeux. Il en devient le symbole* » (Fusées).

Spectacle ordinaire, en effet, pour le flâneur parisien, que ce Plaisant, cette Femme sauvage, ce Vieux Saltimbanque. Figures appartenant à une mythologie quotidienne dont participent également ces chansons de Pierre Dupont ou de Paul de Kock qui ont alimenté les rêveries de L'Invitation au Voyage *ou des* Tentations. *Et que dire de ce feuilleton de Roqueplan qui est entré, tel quel, dans* Les Bons Chiens ?

N'est-ce pas, annonçant le surréalisme, cette Poésie involontaire *dont parle Eluard ? Cette poésie à laquelle était sensible Rimbaud :* « J'aimais les peintures idiotes, dessus de portes, décors, toiles de saltimbanques, enseignes, illuminures populaires. » *Et Apollinaire :* « Tu lis les prospectus, les catalogues, les affiches qui chantent tout haut. Voilà la poésie ce matin. » *C'est aussi la poésie de* Nadja *et du* Paysan de Paris. *La poésie de la modernité.*

« *La modernité, écrit Baudelaire dans son essai sur Constantin Guys, c'est le transitoire, le fugitif, le contingent, la moitié de l'art, dont l'autre moitié est l'éternel et l'immuable* ». *Le beau est toujours d'une composition double, fait d'un* « élément éternel, invariable » *et d'un* « élément relatif, circonstanciel ». *Des* Fleurs du Mal *aux* Petits Poëmes en prose *l'accent s'est déplacé de l'un sur l'autre.*

« *C'est par* Les Fleurs du Mal *que nous reviendrons à la grande tradition classique* », *disait Barrès. Et Royère, à la même époque :* « Baudelaire et Mallarmé nous restituent un Racine vivant. »

Les Petits Poëmes en prose, *en revanche, sont propre-*

ment l'œuvre de ce peintre de la vie moderne dans lequel
s'est projeté le poète :

Ainsi il va, il court, il cherche. Que cherche-t-il ? A
coup sûr, cet homme, tel que je l'ai dépeint, ce solitaire
doué d'une imagination active, toujours voyageant à
travers *le grand désert d'hommes,* a un but plus élevé que
celui d'un pur flâneur, un but plus général, autre que le
plaisir fugitif de la circonstance. Il cherche ce quelque
chose qu'on nous permettra d'appeler la *modernité ;* car il
ne se présente pas de meilleur mot pour exprimer l'idée en
question. Il s'agit, pour lui, de dégager de la mode ce
qu'elle peut contenir de poétique dans l'historique, de tirer
l'éternel du transitoire.

ROBERT KOPP.

P.-S. Nous tenons à remercier M. José Corti de nous
avoir permis de reprendre, sous forme très abrégée, les
éléments de l'édition critique et commentée des *Petits*
Poëmes en prose que nous avons publiée chez lui en 1969 et
qui lui appartient. C'est à cette édition que nous nous
permettrons de renvoyer le lecteur pour tout renseignement
complémentaire.

R. K.

Petits Poëmes en prose

Texte de 1869

A ARSÈNE HOUSSAYE

Mon cher ami, je vous envoie un petit ouvrage
dont on ne pourrait pas dire, sans injustice, qu'il
n'a ni queue ni tête, puisque tout, au contraire, y
est à la fois tête et queue, alternativement et réci-
proquement. Considérez, je vous prie, quelles
admirables commodités cette combinaison nous
offre à tous, à vous, à moi et au lecteur. Nous
pouvons couper où nous voulons, moi ma rêverie,
vous le manuscrit, le lecteur sa lecture; car je ne
suspends pas la volonté rétive de celui-ci au fil
interminable d'une intrigue superflue. Enlevez une
vertèbre, et les deux morceaux de cette tortueuse
fantaisie se rejoindront sans peine. Hachez-la
en nombreux fragments, et vous verrez que chacun
peut exister à part. Dans l'espérance que quel-
ques-uns de ces tronçons seront assez vivants pour
vous plaire et vous amuser, j'ose vous dédier le ser-
pent tout entier.

J'ai une petite confession à vous faire. C'est en
feuilletant, pour la vingtième fois au moins, le
fameux *Gaspard de la Nuit*, d'Aloysius Bertrand
(un livre connu de vous, de moi et de quelques-uns
de nos amis, n'a-t-il pas tous les droits à être appelé

fameux?) que l'idée m'est venue de tenter quelque
25 chose d'analogue, et d'appliquer à la description
de la vie moderne, ou plutôt d'*une* vie moderne
et plus abstraite, le procédé qu'il avait appliqué
à la peinture de la vie ancienne, si étrangement
pittoresque.

30 　　Quel est celui de nous qui n'a pas, dans ses jours
d'ambition, rêvé le miracle d'une prose poétique,
musicale sans rhythme et sans rime, assez souple et
assez heurtée pour s'adapter aux mouvements lyri-
ques de l'âme, aux ondulations de la rêverie, aux
35 soubresauts de la conscience?

　　C'est surtout de la fréquentation des villes énor-
mes, c'est du croisement de leurs innombrables
rapports que naît cet idéal obsédant. Vous-même,
mon cher ami, n'avez-vous pas tenté de traduire
40 en une *chanson* le cri strident du *Vitrier*, et d'expri-
mer dans une prose lyrique toutes les désolantes
suggestions que ce cri envoie jusqu'aux mansardes,
à travers les plus hautes brumes de la rue?

　　Mais, pour dire le vrai, je crains que ma jalousie
45 ne m'ait pas porté bonheur. Sitôt que j'eus commen-
cé le travail, je m'aperçus que non-seulement je
restais bien loin de mon mystérieux et brillant
modèle, mais encore que je faisais quelque chose
(si cela peut s'appeler *quelque chose*) de singuliè-
50 rement différent, accident dont tout autre que moi
s'enorgueillirait sans doute, mais qui ne peut
qu'humilier profondément un esprit qui regarde
comme le plus grand honneur du poëte d'accomplir
juste ce qu'il a projeté de faire.

　　　　　　　Votre bien affectionné,

　　　　　　　　　C. B.

L'ÉTRANGER

— Qui aimes-tu le mieux, homme énigmatique, dis? ton père, ta mère, ta sœur ou ton frère?

— Je n'ai ni père, ni mère, ni sœur, ni frère.

— Tes amis?

— Vous vous servez là d'une parole dont le sens m'est resté jusqu'à ce jour inconnu.

— Ta patrie?

— J'ignore sous quelle latitude elle est située.

— La beauté?

— Je l'aimerais volontiers, déesse et immortelle.

— L'or?

— Je le hais comme vous haïssez Dieu.

— Eh! qu'aimes-tu donc, extraordinaire étranger?

— J'aime les nuages... les nuages qui passent... là-bas... là-bas... les merveilleux nuages!

LE DÉSESPOIR DE LA VIEILLE

La petite vieille ratatinée se sentit toute réjouie
en voyant ce joli enfant à qui chacun faisait fête,
à qui tout le monde voulait plaire; ce joli être, si
fragile comme elle, la petite vieille, et, comme elle
⁵ aussi, sans dents et sans cheveux.

Et elle s'approcha de lui, voulant lui faire des
risettes et des mines agréables.

Mais l'enfant épouvanté se débattait sous les
caresses de la bonne femme décrépite, et remplissait
¹⁰ la maison de ses glapissements.

Alors la bonne vieille se retira dans sa solitude
éternelle, et elle pleurait dans un coin, se disant : —
« Ah! pour nous, malheureuses vieilles femelles,
l'âge est passé de plaire, même aux innocents;
¹⁵ et nous faisons horreur aux petits enfants que nous
voulons aimer! »

LE *CONFITEOR* DE L'ARTISTE

Que les fins de journées d'automne sont péné‹
trantes ! Ah ! pénétrantes jusqu'à la douleur ! car il
est de certaines sensations délicieuses dont le vague
n'exclut pas l'intensité ; et il n'est pas de pointe
⁵ plus acérée que celle de l'Infini.

Grand délice que celui de noyer son regard dans
l'immensité du ciel et de la mer ! Solitude, silence,
incomparable chasteté de l'azur ! une petite voile
frissonnante à l'horizon, et qui par sa petitesse et
¹⁰ son isolement imite mon irrémédiable existence,
mélodie monotone de la houle, toutes ces choses
pensent par moi, ou je pense par elles (car dans la
grandeur de la rêverie, le *moi* se perd vite !) ; elles
pensent, dis-je, mais musicalement et pittoresque‹
¹⁵ ment, sans arguties, sans syllogismes, sans déduc‹
tions.

Toutefois, ces pensées, qu'elles sortent de moi ou
s'élancent des choses, deviennent bientôt trop inten‹
ses. L'énergie dans la volupté crée un malaise et une
²⁰ souffrance positive. Mes nerfs trop tendus ne don‹
nent plus que des vibrations criardes et douloureu‹
ses.

Et maintenant la profondeur du ciel me cons‹

terne; sa limpidité m'exaspère. L'insensibilité de
25 la mer, l'immuabilité du spectacle, me révoltent...
Ah! faut-il éternellement souffrir, ou fuir éternelle‐
ment le beau? Nature, enchanteresse sans pitié,
rivale toujours victorieuse, laisse-moi! Cesse de
tenter mes désirs et mon orgueil! L'étude du beau
30 est un duel où l'artiste crie de frayeur avant d'être
vaincu.

UN PLAISANT

C'était l'explosion du nouvel an : chaos de boue et
de neige, traversé de mille carrosses, étincelant de
joujoux et de bonbons, grouillant de cupidités et de
désespoirs, délire officiel d'une grande ville fait
⁵ pour troubler le cerveau du solitaire le plus fort.

Au milieu de ce tohu-bohu et de ce vacarme, un
âne trottait vivement, harcelé par un malotru armé
d'un fouet.

Comme l'âne allait tourner l'angle d'un trottoir,
¹⁰ un beau monsieur ganté, verni, cruellement cravaté
et emprisonné dans des habits tout neufs, s'inclina
cérémonieusement devant l'humble bête, et lui dit,
en ôtant son chapeau : « Je vous la souhaite bonne
et heureuse! » puis se retourna vers je ne sais quels
¹⁵ camarades avec un air de fatuité, comme pour les
prier d'ajouter leur approbation à son contentement.

L'âne ne vit pas ce beau plaisant, et continua de
courir avec zèle où l'appelait son devoir.

Pour moi, je fus pris subitement d'une incommen-
²⁰ surable rage contre ce magnifique imbécile, qui me
parut concentrer en lui tout l'esprit de la France.

LA CHAMBRE DOUBLE

Une chambre qui ressemble à une rêverie, une chambre véritablement *spirituelle*, où l'atmosphère stagnante est légèrement teintée de rose et de bleu.

⁵ L'âme y prend un bain de paresse, aromatisé par le regret et le désir. — C'est quelque chose de crépusculaire, de bleuâtre et de rosâtre; un rêve de volupté pendant une éclipse.

Les meubles ont des formes allongées, prostrées, ¹⁰ alanguies. Les meubles ont l'air de rêver; on les dirait doués d'une vie somnambulique, comme le végétal et le minéral. Les étoffes parlent une langue muette, comme les fleurs, comme les ciels, comme les soleils couchants.

¹⁵ Sur les murs nulle abomination artistique. Relativement au rêve pur, à l'impression non analysée, l'art défini, l'art positif est un blasphème. Ici, tout a la suffisante clarté et la délicieuse obscurité de l'harmonie.

²⁰ Une senteur infinitésimale du choix le plus exquis, à laquelle se mêle une très-légère humidité, nage dans cette atmosphère, où l'esprit sommeillant est bercé par des sensations de serre-chaude.

La mousseline pleut abondamment devant les
²⁵ fenêtres et devant le lit; elle s'épanche en cascades
neigeuses. Sur ce lit est couchée l'Idole, la souve-
raine des rêves. Mais comment est-elle ici? Qui
l'a amenée? quel pouvoir magique l'a installée sur
ce trône de rêverie et de volupté? Qu'importe?
³⁰ la voilà! je la reconnais.

Voilà bien ces yeux dont la flamme traverse le cré-
puscule; ces subtiles et terribles *mirettes*, que je
reconnais à leur effrayante malice! Elles attirent,
elles subjuguent, elles dévorent le regard de l'impru-
³⁵ dent qui les contemple. Je les ai souvent étudiées,
ces étoiles noires qui commandent la curiosité et
l'admiration.

A quel démon bienveillant dois-je d'être ainsi
entouré de mystère, de silence, de paix et de par-
⁴⁰ fums? O béatitude! ce que nous nommons générale-
ment la vie, même dans son expansion la plus
heureuse, n'a rien de commun avec cette vie suprême
dont j'ai maintenant connaissance et que je savoure
minute par minute, seconde par seconde!

⁴⁵ Non! il n'est plus de minutes, il n'est plus de
secondes! Le temps a disparu; c'est l'Éternité qui
règne, une éternité de délices!

Mais un coup terrible, lourd, a retenti à la porte,
et, comme dans les rêves infernaux, il m'a semblé
⁵⁰ que je recevais un coup de pioche dans l'estomac.

Et puis un Spectre est entré. C'est un huissier
qui vient me torturer au nom de la loi; une infâme
concubine qui vient crier misère et ajouter les trivia-
lités de sa vie aux douleurs de la mienne; ou bien le
⁵⁵ saute-ruisseau d'un directeur de journal qui réclame
la suite du manuscrit.

La chambre paradisiaque, l'idole, la souveraine
des rêves, la *Sylphide*, comme disait le grand René,

toute cette magie a disparu au coup brutal frappé
60 par le Spectre.

Horreur! je me souviens! je me souviens! Oui!
ce taudis, ce séjour de l'éternel ennui, est bien le
mien. Voici les meubles sots, poudreux, écornés;
la cheminée sans flamme et sans braise, souillée
65 de crachats; les tristes fenêtres où la pluie a tracé
des sillons dans la poussière; les manuscrits, raturés
ou incomplets; l'almanach où le crayon a marqué
les dates sinistres!

Et ce parfum d'un autre monde, dont je m'eni-
70 vrais avec une sensibilité perfectionnée, hélas! il
est remplacé par une fétide odeur de tabac mêlée
à je ne sais quelle nauséabonde moisissure. On res-
pire ici maintenant le ranci de la désolation.

Dans ce monde étroit, mais si plein de dégoût, un
75 seul objet connu me sourit : la fiole de laudanum;
une vieille et terrible amie; comme toutes les amies,
hélas! féconde en caresses et en traîtrises.

Oh! oui! le Temps a reparu; le Temps règne en
souverain maintenant; et avec le hideux vieillard
60 est revenu tout son démoniaque cortége de Souve-
nirs, de Regrets, de Spasmes, de Peurs, d'Angoisses,
de Cauchemars, de Colères et de Névroses.

Je vous assure que les secondes maintenant sont
fortement et solennellement accentuées, et chacune,
65 en jaillissant de la pendule, dit : — « Je suis la Vie,
l'insupportable, l'implacable Vie! »

Il n'y a qu'une Seconde dans la vie humaine qui
ait mission d'annoncer une bonne nouvelle, la *bonne
nouvelle* qui cause à chacun une inexplicable peur.

90 Oui! le Temps règne; il a repris sa brutale dicta-
ture. Et il me pousse, comme si j'étais un bœuf,
avec son double aiguillon. — « Et hue donc! bour-
rique! Sue donc, esclave! Vis donc, damné! »

CHACUN SA CHIMÈRE

Sous un grand ciel gris, dans une grande plaine
poudreuse, sans chemins, sans gazon, sans un char-
don, sans une ortie, je rencontrai plusieurs hommes
qui marchaient courbés.

5   Chacun d'eux portait sur son dos une énorme Chi-
mère, aussi lourde qu'un sac de farine ou de charbon,
ou le fourniment d'un fantassin romain.

Mais la monstrueuse bête n'était pas un poids
inerte; au contraire, elle enveloppait et opprimait
10 l'homme de ses muscles élastiques et puissants; elle
s'agrafait avec ses deux vastes griffes à la poitrine
de sa monture; et sa tête fabuleuse surmontait le
front de l'homme, comme un de ces casques horri-
bles par lesquels les anciens guerriers espéraient
15 ajouter à la terreur de l'ennemi.

Je questionnai l'un de ces hommes, et je lui
demandai où ils allaient ainsi. Il me répondit qu'il
n'en savait rien, ni lui, ni les autres; mais qu'évi-
demment ils allaient quelque part, puisqu'ils étaient
20 poussés par un invincible besoin de marcher.

Chose curieuse à noter : aucun de ces voyageurs
n'avait l'air irrité contre la bête féroce suspendue
à son cou et collée à son dos; on eût dit qu'il la

considérait comme faisant partie de lui-même.
25 Tous ces visages fatigués et sérieux ne témoignaient
d'aucun désespoir; sous la coupole spleenétique du
ciel, les pieds plongés dans la poussière d'un sol
aussi désolé que ce ciel, ils cheminaient avec la
physionomie résignée de ceux qui sont condamnés
30 à espérer toujours.

Et le cortége passa à côté de moi et s'enfonça
dans l'atmosphère de l'horizon, à l'endroit où la
surface arrondie de la planète se dérobe à la curiosité
du regard humain.

35 Et pendant quelques instants je m'obstinai à
vouloir comprendre ce mystère; mais bientôt
l'irrésistible Indifférence s'abattit sur moi, et j'en
fus plus lourdement accablé qu'ils ne l'étaient eux-
mêmes par leurs écrasantes Chimères.

LE FOU ET LA VÉNUS

Quelle admirable journée! Le vaste parc se pâme sous l'œil brûlant du soleil, comme la jeunesse sous la domination de l'Amour.

L'extase universelle des choses ne s'exprime par
5 aucun bruit; les eaux elles-mêmes sont comme endormies. Bien différente des fêtes humaines, c'est ici une orgie silencieuse.

On dirait qu'une lumière toujours croissante fait de plus en plus étinceler les objets; que les fleurs
10 excitées brûlent du désir de rivaliser avec l'azur du ciel par l'énergie de leurs couleurs, et que la chaleur, rendant visibles les parfums, les fait monter vers l'astre comme des fumées.

Cependant, dans cette jouissance universelle, j'ai
15 aperçu un être affligé.

Aux pieds d'une colossale Vénus, un de ces fous artificiels, un de ces bouffons volontaires chargés de faire rire les rois quand le Remords ou l'Ennui les obsède, affublé d'un costume éclatant et ridicule,
20 coiffé de cornes et de sonnettes, tout ramassé contre le piédestal, lève des yeux pleins de larmes vers l'immortelle Déesse.

Et ses yeux disent : — « Je suis le dernier et le

plus solitaire des humains, privé d'amour et d'ami-
25 tié, et bien inférieur en cela au plus imparfait des
animaux. Cependant je suis fait, moi aussi, pour
comprendre et sentir l'immortelle Beauté! Ah!
Déesse! ayez pitié de ma tristesse et de mon délire! »

Mais l'implacable Vénus regarde au loin je ne sais
30 quoi avec ses yeux de marbre.

LE CHIEN ET LE FLACON

« — Mon beau chien, mon bon chien, mon cher toutou, approchez et venez respirer un excellent parfum acheté chez le meilleur parfumeur de la ville. »

5 Et le chien, en frétillant de la queue, ce qui est, je crois, chez ces pauvres êtres, le signe correspondant du rire et du sourire, s'approche et pose curieusement son nez humide sur le flacon débouché; puis, reculant soudainement avec effroi, il aboie 10 contre moi, en manière de reproche.

« — Ah! misérable chien, si je vous avais offert un paquet d'excréments, vous l'auriez flairé avec délices et peut-être dévoré. Ainsi, vous-même, indigne compagnon de ma triste vie, vous ressemblez au 15 public, à qui il ne faut jamais présenter des parfums délicats qui l'exaspèrent, mais des ordures soigneusement choisies. »

LE MAUVAIS VITRIER

Il y a des natures purement contemplatives et
tout à fait impropres à l'action, qui cependant, sous
une impulsion mystérieuse et inconnue, agissent
quelquefois avec une rapidité dont elles se seraient
5 crues elles-mêmes incapables.

Tel qui, craignant de trouver chez son concierge
une nouvelle chagrinante, rôde lâchement une heure
devant sa porte sans oser rentrer, tel qui garde
quinze jours une lettre sans la décacheter, ou ne se
10 résigne qu'au bout de six mois à opérer une démar-
che nécessaire depuis un an, se sentent quelquefois
brusquement précipités vers l'action par une force
irrésistible, comme la flèche d'un arc. Le moraliste
et le médecin, qui prétendent tout savoir, ne peu-
15 vent pas expliquer d'où vient si subitement une si
folle énergie à ces âmes paresseuses et voluptueuses,
et comment, incapables d'accomplir les choses les
plus simples et les plus nécessaires, elles trouvent
à une certaine minute un courage de luxe pour
20 exécuter les actes les plus absurdes et souvent
même les plus dangereux.

Un de mes amis, le plus inoffensif rêveur qui ait
existé, a mis une fois le feu à une forêt pour voir,

disait-il, si le feu prenait avec autant de facilité
²⁵ qu'on l'affirme généralement. Dix fois de suite,
l'expérience manqua; mais, à la onzième, elle réussit
beaucoup trop bien.

Un autre allumera un cigare à côté d'un tonneau
de poudre, *pour voir, pour savoir, pour tenter la*
³⁰ *destinée*, pour se contraindre lui-même à faire preuve
d'énergie, pour faire le joueur, pour connaître les
plaisirs de l'anxiété, pour rien, par caprice, par
désœuvrement.

C'est une espèce d'énergie qui jaillit de l'ennui et
³⁵ de la rêverie; et ceux en qui elle se manifeste si inopi-
nément sont, en général, comme je l'ai dit, les plus
indolents et les plus rêveurs des êtres.

Un autre, timide à ce point qu'il baisse les yeux
même devant les regards des hommes, à ce point
⁴⁰ qu'il lui faut rassembler toute sa pauvre volonté
pour entrer dans un café ou passer devant le bureau
d'un théâtre, où les contrôleurs lui paraissent inves-
tis de la majesté de Minos, d'Eaque et de Rhada-
manthe, sautera brusquement au cou d'un vieillard
⁴⁵ qui passe à côté de lui et l'embrassera avec enthou-
siasme devant la foule étonnée.

Pourquoi? Parce que... parce que cette physiono-
mie lui était irrésistiblement sympathique? Peut-
être; mais il est plus légitime de supposer que lui-
⁵⁰ même il ne sait pas pourquoi.

J'ai été plus d'une fois victime de ces crises et de
ces élans, qui nous autorisent à croire que des Dé-
mons malicieux se glissent en nous et nous font
accomplir, à notre insu, leurs plus absurdes volontés.
⁵⁵ Un matin je m'étais levé maussade, triste, fatigué
d'oisiveté, et poussé, me semblait-il, à faire quelque
chose de grand, une action d'éclat; et j'ouvris la
fenêtre, hélas!

(Observez, je vous prie, que l'esprit de mysti-
⁶⁰ fication qui, chez quelques personnes, n'est pas le
résultat d'un travail ou d'une combinaison, mais
d'une inspiration fortuite, participe beaucoup, ne
fût-ce que par l'ardeur du désir, de cette humeur,
hystérique selon les médecins, satanique selon ceux
⁶⁵ qui pensent un peu mieux que les médecins, qui nous
pousse sans résistance vers une foule d'actions
dangereuses ou inconvenantes.)

La première personne que j'aperçus dans la rue, ce
fut un vitrier dont le cri perçant, discordant, monta
⁷⁰ jusqu'à moi à travers la lourde et sale atmosphère
parisienne. Il me serait d'ailleurs impossible de dire
pourquoi je fus pris à l'égard de ce pauvre homme
d'une haine aussi soudaine que despotique.

« — Hé! hé! » et je lui criai de monter. Cependant
⁷⁵ je réfléchissais, non sans quelque gaieté, que, la
chambre étant au sixième étage et l'escalier fort
étroit, l'homme devait éprouver quelque peine à
opérer son ascension et accrocher en maint endroit
les angles de sa fragile marchandise.

⁸⁰   Enfin il parut : j'examinai curieusement toutes
ses vitres, et je lui dis : « — Comment? vous n'avez
pas de verres de couleur? des verres roses, rouges,
bleus, des vitres magiques, des vitres de paradis?
Impudent que vous êtes! vous osez vous promener
⁸⁵ dans des quartiers pauvres, et vous n'avez pas
même de vitres qui fassent voir la vie en beau! »
Et je le poussai vivement vers l'escalier, où il tré-
bucha en grognant.

Je m'approchai du balcon et je me saisis d'un
⁹⁰ petit pot de fleurs, et quand l'homme reparut au
débouché de la porte, je laissai tomber perpendicu-
lairement mon engin de guerre sur le rebord posté-
rieur de ses crochets; et le choc le renversant, il

acheva de briser sous son dos toute sa pauvre
95 fortune ambulatoire qui rendit le bruit éclatant
d'un palais de cristal crevé par la foudre.

Et, ivre de ma folie, je lui criai furieusement : « La
vie en beau ! la vie en beau ! »

Ces plaisanteries nerveuses ne sont pas sans péril,
100 et on peut souvent les payer cher. Mais qu'importe
l'éternité de la damnation à qui a trouvé dans une
seconde l'infini de la jouissance ?

A UNE HEURE DU MATIN

Enfin! seul! On n'entend plus que le roulement de quelques fiacres attardés et éreintés. Pendant quelques heures, nous posséderons le silence, sinon le repos. Enfin! la tyrannie de la face humaine a disparu, 5 et je ne souffrirai plus que par moi-même.

Enfin! il m'est donc permis de me délasser dans un bain de ténèbres! D'abord, un double tour à la serrure. Il me semble que ce tour de clef augmentera ma solitude et fortifiera les barricades qui me sépa- 10 rent actuellement du monde.

Horrible vie! Horrible ville! Récapitulons la journée : avoir vu plusieurs hommes de lettres, dont l'un m'a demandé si l'on pouvait aller en Russie par voie de terre (il prenait sans doute la 15 Russie pour une île); avoir disputé généreusement contre le directeur d'une revue, qui à chaque objec- tion répondait : « — C'est ici le parti des honnêtes gens, » ce qui implique que tous les autres journaux sont rédigés par des coquins; avoir salué une ving- 20 taine de personnes, dont quinze me sont inconnues; avoir distribué des poignées de main dans la même proportion, et cela sans avoir pris la précaution d'acheter des gants; être monté pour tuer le temps,

pendant une averse, chez une sauteuse qui m'a prié
25 de lui dessiner un costume de *Vénustre;* avoir fait
ma cour à un directeur de théâtre, qui m'a dit en
me congédiant : « — Vous feriez peut-être bien de
vous adresser à Z...; c'est le plus lourd, le plus sot
et le plus célèbre de tous mes auteurs, avec lui
30 vous pourriez peut-être aboutir à quelque chose.
Voyez-le, et puis nous verrons; » m'être vanté
(pourquoi?) de plusieurs vilaines actions que je n'ai
jamais commises, et avoir lâchement nié quelques
autres méfaits que j'ai accompli avec joie, délit
35 de fanfaronnade, crime de respect humain; avoir
refusé à un ami un service facile, et donné une
recommandation écrite à un parfait drôle; ouf!
est-ce bien fini?

Mécontent de tous et mécontent de moi, je vou-
40 drais bien me racheter et m'enorgueillir un peu
dans le silence et la solitude de la nuit. Ames de
ceux que j'ai aimés, âmes de ceux que j'ai chantés,
fortifiez-moi, soutenez-moi, éloignez de moi le
mensonge et les vapeurs corruptrices du monde,
45 et vous, Seigneur mon Dieu! accordez-moi la grâce
de produire quelques beaux vers qui me prouvent
à moi-même que je ne suis pas le dernier des
hommes, que je ne suis pas inférieur à ceux que je
méprise!

LA FEMME SAUVAGE
ET LA PETITE-MAÎTRESSE

« Vraiment, ma chère, vous me fatiguez sans
mesure et sans pitié; on dirait, à vous entendre sou-
pirer, que vous souffrez plus que les glaneuses
sexagénaires et que les vieilles mendiantes qui
⁵ ramassent des croûtes de pain à la porte des cabarets.

« Si au moins vos soupirs exprimaient le remords,
ils vous feraient quelque honneur; mais ils ne tra-
duisent que la satiété du bien-être et l'accablement
du repos. Et puis, vous ne cessez de vous répandre
¹⁰ en paroles inutiles : « Aimez-moi bien! j'en ai tant
besoin! Consolez-moi par-ci, caressez-moi par-là! »
Tenez, je veux essayer de vous guérir; nous en trou-
verons peut-être le moyen, pour deux sols, au milieu
d'une fête, et sans aller bien loin.

¹⁵ « Considérons bien, je vous prie, cette solide cage
de fer derrière laquelle s'agite, hurlant comme un
damné, secouant les barreaux comme un orang-
outang exaspéré par l'exil, imitant, dans la perfec-
tion, tantôt les bonds circulaires du tigre, tantôt les
²⁰ dandinements stupides de l'ours blanc, ce monstre
poilu dont la forme imite assez vaguement la vôtre.

« Ce monstre est un de ces animaux qu'on appelle
généralement « mon ange! » c'est-à-dire une femme.

L'autre monstre, celui qui crie à tue-tête, un bâton à
²⁵ la main, est un mari. Il a enchaîné sa femme légitime
comme une bête, et il la montre dans les faubourgs,
les jours de foire, avec permission des magistrats,
cela va sans dire.

« Faites bien attention! Voyez avec quelle voracité
³⁰ (non simulée peut-être!) elle déchire des lapins
vivants et des volailles piaillantes que lui jette son
cornac. « Allons, dit-il, il ne faut pas manger tout son
bien en un jour, » et, sur cette sage parole, il lui arra-
che cruellement la proie, dont les boyaux dévidés
³⁵ restent un instant accrochés aux dents de la bête
féroce, de la femme, veux-je dire.

« Allons! un bon coup de bâton pour la calmer!
car elle darde des yeux terribles de convoitise sur la
nourriture enlevée. Grand Dieu! le bâton n'est pas
⁴⁰ un bâton de comédie, avez-vous entendu résonner
la chair, malgré le poil postiche? Aussi les yeux lui
sortent maintenant de la tête, elle hurle *plus naturel-
lement*. Dans sa rage, elle étincelle tout entière,
comme le fer qu'on bat.

⁴⁵ « Telles sont les mœurs conjugales de ces deux des-
cendants d'Ève et d'Adam, ces œuvres de vos mains,
ô mon Dieu! Cette femme est incontestablement
malheureuse, quoique après tout, peut-être, les
jouissances titillantes de la gloire ne lui soient pas
⁵⁰ inconnues. Il y a des malheurs plus irrémédiables,
et sans compensation. Mais dans le monde où elle
a été jetée, elle n'a jamais pu croire que la femme
méritât une autre destinée.

« Maintenant, à nous deux, chère précieuse! A
⁵⁵ voir les enfers dont le monde est peuplé, que voulez-
vous que je pense de votre joli enfer, vous qui ne
reposez que sur des étoffes aussi douces que votre
peau, qui ne mangez que de la viande cuite, et

pour qui un domestique habile prend soin de décou-
⁶⁰ per les morceaux?

« Et que peuvent signifier pour moi tous ces petits
soupirs qui gonflent votre poitrine parfumée,
robuste coquette? Et toutes ces affectations apprises
dans les livres, et cette infatigable mélancolie,
⁶⁵ faite pour inspirer au spectateur un tout autre
sentiment que la pitié? En vérité, il me prend
quelquefois envie de vous apprendre ce que c'est
que le vrai malheur.

« A vous voir ainsi, ma belle délicate, les pieds
⁷⁰ dans la fange et les yeux tournés vaporeusement
vers le ciel, comme pour lui demander un roi, on
dirait vraisemblablement une jeune grenouille
qui invoquerait l'idéal. Si vous méprisez le soli-
veau (ce que je suis maintenant, comme vous savez
⁷⁵ bien), gare la grue *qui vous croquera, vous gobera
et vous tuera à son plaisir!*

« Tant poëte que je sois, je ne suis pas aussi dupe
que vous voudriez le croire, et si vous me fatiguez
trop souvent de vos *précieuses* pleurnicheries, je vous
⁸⁰ traiterai en *femme sauvage*, ou je vous jetterai
par la fenêtre, comme une bouteille vide. »

LES FOULES

Il n'est pas donné à chacun de prendre un bain
de multitude : jouir de la foule est un art; et celui-là
seul peut faire, aux dépens du genre humain, une
ribote de vitalité, à qui une fée a insufflé dans son
⁵ berceau le goût du travestissement et du masque, la
haine du domicile et la passion du voyage.

Multitude, solitude : termes égaux et convertibles
par le poëte actif et fécond. Qui ne sait pas peupler
sa solitude, ne sait pas non plus être seul dans une
¹⁰ foule affairée.

Le poëte jouit de cet incomparable privilége, qu'il
peut à sa guise être lui-même et autrui. Comme ces
âmes errantes qui cherchent un corps, il entre,
quand il veut, dans le personnage de chacun.
¹⁵ Pour lui seul, tout est vacant; et si de certaines
places paraissent lui être fermées, c'est qu'à ses
yeux elles ne valent pas la peine d'être visitées.

Le promeneur solitaire et pensif tire une singu-
lière ivresse de cette universelle communion. Celui-
²⁰ là qui épouse facilement la foule connaît des jouis-
sances fiévreuses, dont seront éternellement privés
l'égoïste, fermé comme un coffre, et le paresseux,
interné comme un mollusque. Il adopte comme

siennes toutes les professions, toutes les joies et
²⁵ toutes les misères que la circonstance lui présente.

Ce que les hommes nomment amour est bien petit,
bien restreint et bien faible, comparé à cette inef-
fable orgie, à cette sainte prostitution de l'âme
qui se donne tout entière, poésie et charité, à
³⁰ l'imprévu qui se montre, à l'inconnu qui passe.

Il est bon d'apprendre quelquefois aux heureux
de ce monde, ne fût-ce que pour humilier un instant
leur sot orgueil, qu'il est des bonheurs supérieurs
au leur, plus vastes et plus raffinés. Les fondateurs
³⁵ de colonies, les pasteurs de peuples, les prêtres
missionnaires exilés au bout du monde, connaissent
sans doute quelque chose de ces mystérieuses
ivresses; et, au sein de la vaste famille que leur
génie s'est faite, ils doivent rire quelquefois de
⁴⁰ ceux qui les plaignent pour leur fortune si agitée
et pour leur vie si chaste.

LES VEUVES

Vauvenargues dit que dans les jardins publics il
est des allées hantées principalement par l'ambition
déçue, par les inventeurs malheureux, par les gloires
avortées, par les cœurs brisés, par toutes ces âmes
5 tumultueuses et fermées, en qui grondent encore les
derniers soupirs d'un orage, et qui reculent loin du
regard insolent des joyeux et des oisifs. Ces retraites
ombreuses sont les rendez-vous des écloppés de la
vie.
10 C'est surtout vers ces lieux que le poëte et le philo-
sophe aiment diriger leurs avides conjectures. Il y a
là une pâture certaine. Car s'il est une place qu'ils
dédaignent de visiter, comme je l'insinuais tout à
l'heure, c'est surtout la joie des riches. Cette turbu-
15 lence dans le vide n'a rien qui les attire. Au con-
traire, ils se sentent irrésistiblement entraînés
vers tout ce qui est faible, ruiné, contristé, orphelin.
Un œil expérimenté ne s'y trompe jamais. Dans
ces traits rigides ou abattus, dans ces yeux caves
20 et ternes, ou brillants des derniers éclairs de la
lutte, dans ces rides profondes et nombreuses,
dans ces démarches si lentes ou si saccadées, il
déchiffre tout de suite les innombrables légendes

de l'amour trompé, du dévouement méconnu, des
²⁵ efforts non récompensés, de la faim et du froid
humblement, silencieusement supportés.

Avez-vous quelquefois aperçu des veuves sur
ces bancs solitaires, des veuves pauvres? Qu'elles
soient en deuil ou non, il est facile de les recon-
³⁰ naître. D'ailleurs, il y a toujours dans le deuil du
pauvre quelque chose qui manque, une absence
d'harmonie qui le rend plus navrant. Il est contraint
de lésiner sur sa douleur. Le riche porte la sienne
au grand complet.

³⁵ Quelle est la veuve la plus triste et la plus attris-
tante, celle qui traîne à sa main un bambin avec qui
elle ne peut pas partager sa rêverie, ou celle qui est
tout à fait seule? Je ne sais... Il m'est arrivé une
fois de suivre pendant de longues heures une vieille
⁴⁰ affligée de cette espèce; celle-là roide, droite, sous
un petit châle usé, portait dans tout son être une
fierté de stoïcienne.

Elle était évidemment condamnée, par une
absolue solitude, à des habitudes de vieux céli-
⁴⁵ bataire, et le caractère masculin de ses mœurs
ajoutait un piquant mystérieux à leur austérité.
Je ne sais dans quel misérable café et de quelle
façon elle déjeuna. Je la suivis au cabinet de lecture;
et je l'épiai longtemps pendant qu'elle cherchait
⁵⁰ dans les gazettes, avec des yeux actifs, jadis brûlés
par les larmes, des nouvelles d'un intérêt puissant
et personnel.

Enfin, dans l'après-midi, sous un ciel d'automne
charmant, un de ces ciels d'où descendent en foule
⁵⁵ les regrets et les souvenirs, elle s'assit à l'écart
dans un jardin, pour entendre, loin de la foule,
un de ces concerts dont la musique des régiments
gratifie le peuple parisien.

C'était sans doute là la petite débauche de cette
⁶⁰ vieille innocente (ou de cette vieille purifiée), la
consolation bien gagnée d'une de ces lourdes
journées sans ami, sans causerie, sans joie, sans
confident, que Dieu laissait tomber sur elle, depuis
bien des ans peut-être! trois cent soixante-cinq fois
⁶⁵ par an.

Une autre encore :

Je ne puis jamais m'empêcher de jeter un regard,
sinon universellement sympathique, au moins
curieux, sur la foule de parias qui se pressent autour
⁷⁰ de l'enceinte d'un concert public. L'orchestre jette
à travers la nuit des chants de fête, de triomphe
ou de volupté. Les robes traînent en miroitant;
les regards se croisent; les oisifs, fatigués de n'avoir
rien fait, se dandinent, feignant de déguster
⁷⁵ indolemment la musique. Ici rien que de riche,
d'heureux; rien qui ne respire et n'inspire l'insou-
ciance et le plaisir de se laisser vivre; rien, excepté
l'aspect de cette tourbe qui s'appuie là-bas sur la
barrière extérieure, attrapant gratis, au gré du
⁸⁰ vent, un lambeau de musique, et regardant l'étin-
celante fournaise intérieure.

C'est toujours chose intéressante que ce reflet
de la joie du riche au fond de l'œil du pauvre.
Mais ce jour-là, à travers ce peuple vêtu de blouses
⁸⁵ et d'indienne, j'aperçus un être dont la noblesse
faisait un éclatant contraste avec toute la trivialité
environnante.

C'était une femme grande, majestueuse, et si
noble dans tout son air, que je n'ai pas souvenir
⁹⁰ d'avoir vu sa pareille dans les collections des
aristocratiques beautés du passé. Un parfum de
hautaine vertu émanait de toute sa personne.
Son visage, triste et amaigri, était en parfaite

accordance avec le grand deuil dont elle était
95 revêtue. Elle aussi, comme la plèbe à laquelle
elle s'était mêlée et qu'elle ne voyait pas, elle
regardait le monde lumineux avec un œil profond,
et elle écoutait en hochant doucement la tête.

Singulière vision! « A coup sûr, me dis-je, cette
100 pauvreté-là, si pauvreté il y a, ne doit pas admettre
l'économie sordide; un si noble visage m'en répond.
Pourquoi donc reste-t-elle volontairement dans un
milieu où elle fait une tache si éclatante? »

Mais en passant curieusement auprès d'elle, je
105 crus en deviner la raison. La grande veuve tenait
par la main un enfant comme elle vêtu de noir;
si modique que fût le prix d'entrée, ce prix suffisait
peut-être pour payer un des besoins du petit être,
mieux encore, une superfluité, un jouet.

110   Et elle sera rentrée à pied, méditant et rêvant,
seule, toujours seule; car l'enfant est turbulent,
égoïste, sans douceur et sans patience; et il ne peut
même pas, comme le pur animal, comme le chien et
le chat, servir de confident aux douleurs solitaires.

LE VIEUX SALTIMBANQUE

Partout s'étalait, se répandait, s'ébaudissait le
peuple en vacances. C'était une de ces solennités
sur lesquelles, pendant un long temps, comptent
les saltimbanques, les faiseurs de tours, les mon-
5 treurs d'animaux et les boutiquiers ambulants,
pour compenser les mauvais temps de l'année.

En ces jours-là il me semble que le peuple oublie
tout, la douleur et le travail; il devient pareil aux
enfants. Pour les petits c'est un jour de congé,
10 c'est l'horreur de l'école renvoyée à vingt-quatre
heures. Pour les grands c'est un armistice conclu
avec les puissances malfaisantes de la vie, un répit
dans la contention et la lutte universelles.

L'homme du monde lui-même et l'homme occupé
15 de travaux spirituels échappent difficilement à
l'influence de ce jubilé populaire. Ils absorbent, sans
le vouloir, leur part de cette atmosphère d'insou-
ciance. Pour moi, je ne manque jamais, en vrai
Parisien, de passer la revue de toutes les baraques
20 qui se pavanent à ces époques solennelles.

Elles se faisaient, en vérité, une concurrence
formidable : elles piaillaient, beuglaient, hurlaient.
C'était un mélange de cris, de détonations de cuivre

et d'explosions de fusées. Les queues-rouges et les
²⁵ Jocrisses convulsaient les traits de leurs visages
basanés, racornis par le vent, la pluie et le soleil;
ils lançaient, avec l'aplomb des comédiens sûrs
de leurs effets, des bons mots et des plaisanteries
d'un comique solide et lourd comme celui de
³⁰ Molière. Les Hercules, fiers de l'énormité de leurs
membres, sans front et sans crâne, comme les
orang-outangs, se prélassaient majestueusement
sous les maillots lavés la veille pour la circonstance.
Les danseuses, belles comme des fées ou des prin-
³⁵ cesses, sautaient et cabriolaient sous le feu des
lanternes qui remplissaient leurs jupes d'étincelles.

Tout n'était que lumière, poussière, cris, joie,
tumulte; les uns dépensaient, les autres gagnaient,
les uns et les autres également joyeux. Les enfants
⁴⁰ se suspendaient aux jupons de leurs mères pour
obtenir quelque bâton de sucre, ou montaient sur
les épaules de leurs pères pour mieux voir un
escamoteur éblouissant comme un dieu. Et partout
circulait, dominant tous les parfums, une odeur
⁴⁵ de friture qui était comme l'encens de cette fête.

Au bout, à l'extrême bout de la rangée de bara-
ques, comme si, honteux, il s'était exilé lui-même
de toutes ces splendeurs, je vis un pauvre saltim-
banque, voûté, caduc, décrépit, une ruine d'homme,
⁵⁰ adossé contre un des poteaux de sa cahute; une
cahute plus misérable que celle du sauvage le plus
abruti, et dont deux bouts de chandelles, coulants
et fumants, éclairaient trop bien encore la détresse.

Partout la joie, le gain, la débauche; partout la
⁵⁵ certitude du pain pour les lendemains; partout
l'explosion frénétique de la vitalité. Ici la misère
absolue, la misère affublée, pour comble d'horreur,
de haillons comiques, où la nécessité, bien plus que

l'art, avait introduit le contraste. Il ne riait pas,
le misérable! Il ne pleurait pas, il ne dansait pas,
60 il ne gesticulait pas, il ne criait pas; il ne chantait
aucune chanson, ni gai ni lamentable, il n'implorait
pas. Il était muet et immobile. Il avait renoncé,
il avait abdiqué. Sa destinée était faite.

Mais quel regard profond, inoubliable, il prome-
65 nait sur la foule et les lumières, dont le flot mou-
vant s'arrêtait à quelques pas de sa répulsive
misère! Je sentis ma gorge serrée par la main
terrible de l'hystérie, et il me sembla que mes
regards étaient offusqués par ces larmes rebelles
70 qui ne veulent pas tomber.

Que faire? A quoi bon demander à l'infortuné
quelle curiosité, quelle merveille il avait à montrer
dans ces ténèbres puantes, derrière son rideau
déchiqueté? En vérité, je n'osais; et, dût la raison
75 de ma timidité vous faire rire, j'avouerai que je
craignais de l'humilier. Enfin, je venais de me
résoudre à déposer en passant quelque argent
sur une de ses planches, espérant qu'il devinerait
mon intention, quand un grand reflux de peuple,
80 causé par je ne sais quel trouble, m'entraîna loin
de lui.

Et, m'en retournant, obsédé par cette vision, je
cherchai à analyser ma soudaine douleur, et je me
dis : Je viens de voir l'image du vieil homme de
85 lettres qui a survécu à la génération dont il fut le
brillant amuseur; du vieux poëte sans amis, sans
famille, sans enfants, dégradé par sa misère et par
l'ingratitude publique, et dans la baraque de qui le
monde oublieux ne veut plus entrer!

LE GÂTEAU

Je voyageais. Le paysage au milieu duquel
j'étais placé était d'une grandeur et d'une noblesse
irrésistibles. Il en passa sans doute en ce moment
quelque chose dans mon âme. Mes pensées volti-
5 geaient avec une légèreté égale à celle de l'atmos-
phère; les passions vulgaires, telles que la haine
et l'amour profane, m'apparaissaient maintenant
aussi éloignées que les nuées qui défilaient au fond
des abîmes sous mes pieds; mon âme me semblait
10 aussi vaste et aussi pure que la coupole du ciel
dont j'étais enveloppé; le souvenir des choses
terrestres n'arrivait à mon cœur qu'affaibli et
diminué, comme le son de la clochette des bestiaux
imperceptibles qui paissaient loin, bien loin,
15 sur le versant d'une autre montagne. Sur le petit
lac immobile, noir de son immense profondeur,
passait quelquefois l'ombre d'un nuage, comme le
reflet du manteau d'un géant aérien volant à
travers le ciel. Et je me souviens que cette sensation
20 solennelle et rare, causée par un grand mouvement
parfaitement silencieux, me remplissait d'une joie
mêlée de peur. Bref, je me sentais, grâce à l'enthou-
siasmante beauté dont j'étais environné, en parfaite

paix avec moi-même et avec l'univers; je crois
²⁵ même que, dans ma parfaite béatitude et dans
mon total oubli de tout le mal terrestre, j'en étais
venu à ne plus trouver si ridicules les journaux
qui prétendent que l'homme est né bon; — quand
la matière incurable renouvelant ses exigences,
³⁰ je songeai à réparer la fatigue et à soulager l'appétit
causés par une si longue ascension. Je tirai de ma
poche un gros morceau de pain, une tasse de cuir
et un flacon d'un certain élixir que les pharmaciens
vendaient dans ce temps-là aux touristes pour le
³⁵ mêler dans l'occasion avec de l'eau de neige.

Je découpais tranquillement mon pain, quand un
bruit très-léger me fit lever les yeux. Devant moi
se tenait un petit être déguenillé, noir, ébouriffé,
dont les yeux creux, farouches et comme suppliants,
⁴⁰ dévoraient le morceau de pain. Et je l'entendis
soupirer, d'une voix basse et rauque, le mot :
gâteau ! Je ne pus m'empêcher de rire en entendant
l'appellation dont il voulait bien honorer mon pain
presque blanc, et j'en coupai pour lui une belle
⁴⁵ tranche que je lui offris. Lentement il se rapprocha,
ne quittant pas des yeux l'objet de sa convoitise;
puis, happant le morceau avec sa main, se recula
vivement, comme s'il eût craint que mon offre
ne fût pas sincère ou que je m'en repentisse déjà.
⁵⁰ Mais au même instant il fut culbuté par un autre
petit sauvage, sorti je ne sais d'où, et si parfaitement
semblable au premier qu'on aurait pu le prendre
pour son frère jumeau. Ensemble ils roulèrent sur le
sol, se disputant la précieuse proie, aucun n'en
⁵⁵ voulant sans doute sacrifier la moitié pour son
frère. Le premier, exaspéré, empoigna le second
par les cheveux; celui-ci lui saisit l'oreille avec les
dents, et en cracha un petit morceau sanglant

avec un superbe juron patois. Le légitime proprié-
60 taire du gâteau essaya d'enfoncer ses petites griffes
dans les yeux de l'usurpateur; à son tour celui-ci
appliqua toutes ses forces à étrangler son adver-
saire d'une main, pendant que de l'autre il tâchait
de glisser dans sa poche le prix du combat. Mais,
65 ravivé par le désespoir, le vaincu se redressa et fit
rouler le vainqueur par terre d'un coup de tête
dans l'estomac. A quoi bon décrire une lutte
hideuse qui dura en vérité plus longtemps que leurs
forces enfantines ne semblaient le promettre?
70 Le gâteau voyageait de main en main et changeait
de poche à chaque instant; mais hélas! il changeait
aussi de volume; et lorsque enfin, exténués,
haletants, sanglants, ils s'arrêtèrent par impossi-
bilité de continuer, il n'y avait plus, à vrai dire,
75 aucun sujet de bataille; le morceau de pain avait
disparu, et il était éparpillé en miettes semblables
aux grains de sable auxquels il était mêlé.

Ce spectacle m'avait embrumé le paysage, et la
joie calme où s'ébaudissait mon âme avant d'avoir
80 vu ces petits hommes avait totalement disparu;
j'en restai triste assez longtemps, me répétant sans
cesse : « Il y a donc un pays superbe où le pain
s'appelle du *gâteau,* friandise si rare qu'elle suffit
pour engendrer une guerre parfaitement fratricide! »

L'HORLOGE

Les Chinois voient l'heure dans l'œil des chats.

Un jour un missionnaire, se promenant dans la banlieue de Nankin, s'aperçut qu'il avait oublié sa montre, et demanda à un petit garçon quelle heure
5 il était.

Le gamin du céleste Empire hésita d'abord; puis, se ravisant, il répondit : « Je vais vous le dire. » Peu d'instants après, il reparut, tenant dans ses bras un fort gros chat, et le regardant, comme on dit,
10 dans le blanc des yeux, il affirma sans hésiter : « Il n'est pas encore tout à fait midi. » Ce qui était vrai.

Pour moi, si je me penche vers la belle Féline, la si bien nommée, qui est à la fois l'honneur de son sexe, l'orgueil de mon cœur et le parfum de mon
15 esprit, que ce soit la nuit, que ce soit le jour, dans la pleine lumière ou dans l'ombre opaque, au fond de ses yeux adorables je vois toujours l'heure distinctement, toujours la même, une heure vaste, solennelle, grande comme l'espace, sans
20 divisions de minutes ni de secondes, — une heure immobile qui n'est pas marquée sur les horloges, et cependant légère comme un soupir, rapide comme un coup d'œil.

Et si quelque importun venait me déranger
²⁵ pendant que mon regard repose sur ce délicieux
cadran, si quelque Génie malhonnête et intolérant,
quelque Démon du contre-temps venait me dire :
« Que regardes-tu là avec tant de soin? Que cher-
ches-tu dans les yeux de cet être? Y vois-tu l'heure,
³⁰ mortel prodigue et fainéant? » je répondrais sans
hésiter : « Oui, je vois l'heure; il est l'Éternité! »

N'est-ce pas, madame, que voici un madrigal
vraiment méritoire, et aussi emphatique que vous-
même? En vérité, j'ai eu tant de plaisir à broder
³⁵ cette prétentieuse galanterie, que je ne vous
demanderai rien en échange.

XVII

UN HÉMISPHÈRE
DANS UNE CHEVELURE

Laisse-moi respirer longtemps, longtemps, l'odeur de tes cheveux, y plonger tout mon visage, comme un homme altéré dans l'eau d'une source, et les agiter avec ma main comme un mouchoir odorant,
5 pour secouer des souvenirs dans l'air.

Si tu pouvais savoir tout ce que je vois! tout ce que je sens! tout ce que j'entends dans tes cheveux! Mon âme voyage sur le parfum comme l'âme des autres hommes sur la musique.

10 Tes cheveux contiennent tout un rêve, plein d voilures et de mâtures; ils contiennent de grandes mers dont les moussons me portent vers de char- mants climats, où l'espace est plus bleu et plus profond, où l'atmosphère est parfumée par les
15 fruits, par les feuilles et par la peau humaine.

Dans l'océan de ta chevelure, j'entrevois un port fourmillant de chants mélancoliques, d'hommes vigoureux de toutes nations et de navires de toutes formes découpant leurs architectures fines et compli-
20 quées sur un ciel immense où se prélasse l'éternelle chaleur.

Dans les caresses de ta chevelure, je retrouve les langueurs des longues heures passées sur un divan,

dans la chambre d'un beau navire, bercées par le
²⁵ roulis imperceptible du port, entre les pots de
fleurs et les gargoulettes rafraîchissantes.

Dans l'ardent foyer de ta chevelure, je respire
l'odeur du tabac mêlé à l'opium et au sucre; dans
la nuit de ta chevelure, je vois resplendir l'infini de
³⁰ l'azur tropical; sur les rivages duvetés de ta cheve-
lure je m'enivre des odeurs combinées du goudron,
du musc et de l'huile de coco.

Laisse-moi mordre longtemps tes tresses lourdes
et noires. Quand je mordille tes cheveux élastiques
³⁵ et rebelles, il me semble que je mange des souvenirs.

XVIII

L'INVITATION AU VOYAGE

Il est un pays superbe, un pays de Cocagne, dit-
on, que je rêve de visiter avec une vieille amie.
Pays singulier, noyé dans les brumes de notre
Nord, et qu'on pourrait appeler l'Orient de l'Occi-
⁵ dent, la Chine de l'Europe, tant la chaude et capri-
cieuse fantaisie s'y est donné carrière, tant elle l'a
patiemment et opiniâtrement illustré de ses savantes
et délicates végétations.

Un vrai pays de Cocagne, où tout est beau, riche,
¹⁰ tranquille, honnête; où le luxe a plaisir à se mirer
dans l'ordre; où la vie est grasse et douce à respirer;
d'où le désordre, la turbulence et l'imprévu sont
exclus; où le bonheur est marié au silence; où la
cuisine elle-même est poétique, grasse et excitante
¹⁵ à la fois; où tout vous ressemble, mon cher
ange.

Tu connais cette maladie fiévreuse qui s'empare
de nous dans les froides misères, cette nostalgie
du pays qu'on ignore, cette angoisse de la curiosité?
²⁰ Il est une contrée qui te ressemble, où tout est beau,
riche, tranquille et honnête, où la fantaisie a bâti
et décoré une Chine occidentale, où la vie est douce
à respirer, où le bonheur est marié au silence.

C'est là qu'il faut aller vivre, c'est là qu'il faut aller
²⁵ mourir!

Oui, c'est là qu'il faut aller respirer, rêver et
allonger les heures par l'infini des sensations. Un
musicien a écrit l'*Invitation à la valse;* quel est
celui qui composera l'*Invitation au voyage,* qu'on
³⁰ puisse offrir à la femme aimée, à la sœur d'élection?

Oui, c'est dans cette atmosphère qu'il ferait bon
vivre, — là-bas, où les heures plus lentes contien-
nent plus de pensées, où les horloges sonnent le
bonheur avec une plus profonde et plus signifi-
³⁵ cative solennité.

Sur des panneaux luisants, ou sur des cuirs
dorés et d'une richesse sombre, vivent discrètement
des peintures béates, calmes et profondes, comme les
âmes des artistes qui les créèrent. Les soleils
⁴⁰ couchants, qui colorent si richement la salle à
manger ou le salon, sont tamisés par de belles
étoffes ou par ces hautes fenêtres ouvragées que le
plomb divise en nombreux compartiments. Les
meubles sont vastes, curieux, bizarres, armés
⁴⁵ de serrures et de secrets comme des âmes raffinées.
Les miroirs, les métaux, les étoffes, l'orfévrerie
et la faïence y jouent pour les yeux une symphonie
muette et mystérieuse; et de toutes choses, de tous
les coins, des fissures des tiroirs et des plis des
⁵⁰ étoffes s'échappe un parfum singulier, un *revenez-y*
de Sumatra, qui est comme l'âme de l'apparte-
ment.

Un vrai pays de Cocagne, te dis-je, où tout est
riche, propre et luisant, comme une belle cons-
⁵⁵ cience, comme une magnifique batterie de cuisine,
comme une splendide orfévrerie, comme une bijou-
terie bariolée! Les trésors du monde y affluent,
comme dans la maison d'un homme laborieux

et qui a bien mérité du monde entier. Pays singu-
⁶⁰ lier, supérieur aux autres, comme l'Art l'est à la
Nature, où celle-ci est réformée par le rêve, où elle
est corrigée, embellie, refondue.

Qu'ils cherchent, qu'ils cherchent encore, qu'ils
reculent sans cesse les limites de leur bonheur, ces
⁶⁵ alchimistes de l'horticulture! Qu'ils proposent des
prix de soixante et de cent mille florins pour qui
résoudra leurs ambitieux problèmes! Moi, j'ai
trouvé ma *tulipe noire* et mon *dahlia bleu!*

Fleur incomparable, tulipe retrouvée, allégo-
⁷⁰ rique dahlia, c'est là, n'est-ce pas, dans ce beau
pays si calme et si rêveur, qu'il faudrait aller vivre
et fleurir? Ne serais-tu pas encadrée dans ton
analogie, et ne pourrais-tu pas te mirer, pour parler
comme les mystiques, dans ta propre *correspon-*
⁷⁵ *dance?*

Des rêves! toujours des rêves! et plus l'âme est
ambitieuse et délicate, plus les rêves l'éloignent du
possible. Chaque homme porte en lui sa dose
d'opium naturel, incessamment sécrétée et renou-
⁸⁰ velée, et, de la naissance à la mort, combien comp-
tons-nous d'heures remplies par la jouissance
positive, par l'action réussie et décidée? Vivrons-
nous jamais, passerons-nous jamais dans ce tableau
qu'a peint mon esprit, ce tableau qui te ressemble?
⁸⁵ Ces trésors, ces meubles, ce luxe, cet ordre, ces
parfums, ces fleurs miraculeuses, c'est toi. C'est
encore toi, ces grands fleuves et ces canaux tran-
quilles. Ces énormes navires qu'ils charrient, tout
chargés de richesses, et d'où montent les chants
⁹⁰ monotones de la manœuvre, ce sont mes pensées
qui dorment ou qui roulent sur ton sein. Tu les
conduis doucement vers la mer qui est l'Infini,
tout en réfléchissant les profondeurs du ciel dans

la limpidité de ta belle âme; — et quand, fatigués
95 par la houle et gorgés des produits de l'Orient,
ils rentrent au port natal, ce sont encore mes
pensées enrichies qui reviennent de l'Infini vers
toi.

XIX

LE JOUJOU DU PAUVRE

Je veux donner l'idée d'un divertissement innocent. Il y a si peu d'amusements qui ne soient pas coupables !

Quand vous sortirez le matin avec l'intention
⁵ décidée de flâner sur les grandes routes, remplissez vos poches de petites inventions à un sol, — telles que le polichinelle plat mû par un seul fil, les forgerons qui battent l'enclume, le cavalier et son cheval dont la queue est un sifflet, — et le long des cabarets,
¹⁰ au pied des arbres, faites-en hommage aux enfants inconnus et pauvres que vous rencontrerez. Vous verrez leurs yeux s'agrandir démesurément. D'abord ils n'oseront pas prendre ; ils douteront de leur bonheur. Puis leurs mains agripperont
¹⁵ vivement le cadeau, et ils s'enfuiront comme font les chats qui vont manger loin de vous le morceau que vous leur avez donné, ayant appris à se défier de l'homme.

Sur une route, derrière la grille d'un vaste jardin,
²⁰ au bout duquel apparaissait la blancheur d'un joli château frappé par le soleil, se tenait un enfant beau et frais, habillé de ces vêtements de campagne si pleins de coquetterie.

Le luxe, l'insouciance et le spectacle habituel
25 de la richesse, rendent ces enfants-là si jolis, qu'on
les croirait faits d'une autre pâte que les enfants
de la médiocrité ou de la pauvreté.

A côté de lui, gisait sur l'herbe un joujou splen-
dide, aussi frais que son maître, verni, doré, vêtu
30 d'une robe pourpre, et couvert de plumets et de
verroteries. Mais l'enfant ne s'occupait pas de son
joujou préféré, et voici ce qu'il regardait :

De l'autre côté de la grille, sur la route, entre les
chardons et les orties, il y avait un autre enfant,
35 sale, chétif, fuligineux, un de ces marmots-parias
dont un œil impartial découvrirait la beauté,
si, comme l'œil du connaisseur devine une peinture
idéale sous un vernis de carrossier, il le nettoyait
de la répugnante patine de la misère.

40 A travers ces barreaux symboliques séparant
deux mondes, la grande route et le château,
l'enfant pauvre montrait à l'enfant riche son propre
joujou, que celui-ci examinait avidement comme
un objet rare et inconnu. Or, ce joujou, que le
45 petit souillon agaçait, agitait et secouait dans une
boîte grillée, c'était un rat vivant ! Les parents,
par économie sans doute, avaient tiré le joujou
de la vie elle-même.

Et les deux enfants se riaient l'un à l'autre
50 fraternellement, avec des dents d'une *égale* blan-
cheur.

XX

LES DONS DES FÉES

C'était grande assemblée des Fées, pour procéder
à la répartition des dons parmi tous les nouveau-nés,
arrivés à la vie depuis vingt-quatre heures.

Toutes ces antiques et capricieuses Sœurs du
5 Destin, toutes ces Mères bizarres de la joie et de la
douleur, étaient fort diverses : les unes avaient
l'air sombre et rechigné, les autres, un air folâtre
et malin; les unes, jeunes, qui avaient toujours
été jeunes; les autres, vieilles, qui avaient toujours
10 été vieilles.

Tous les pères qui ont foi dans les Fées étaient
venus, chacun apportant son nouveau-né dans ses
bras.

Les Dons, les Facultés, les bons Hasards, les Cir-
15 constances invincibles, étaient accumulés à côté du
tribunal, comme les prix sur l'estrade, dans une
distribution de prix. Ce qu'il y avait ici de parti-
culier, c'est que les Dons n'étaient pas la récompense
d'un effort, mais tout au contraire une grâce
20 accordée à celui qui n'avait pas encore vécu, une
grâce pouvant déterminer sa destinée et devenir
aussi bien la source de son malheur que de son
bonheur.

Les pauvres Fées étaient très-affairées; car la
²⁵ foule des solliciteurs était grande, et le monde
intermédiaire, placé entre l'homme et Dieu,
est soumis comme nous à la terrible loi du Temps
et de son infinie postérité, les Jours, les Heures,
les Minutes, les Secondes.

³⁰ En vérité, elles étaient aussi ahuries que des
ministres un jour d'audience, ou des employés
du Mont-de-Piété quand une fête nationale autorise
les dégagements gratuits. Je crois même qu'elles
regardaient de temps à autre l'aiguille de l'horloge
³⁵ avec autant d'impatience que des juges humains
qui, siégeant depuis le matin, ne peuvent s'empê-
cher de rêver au dîner, à la famille et à leurs chères
pantoufles. Si, dans la justice surnaturelle, il y a
un peu de précipitation et de hasard, ne nous
⁴⁰ étonnons pas qu'il en soit de même quelquefois
dans la justice humaine. Nous serions nous-mêmes,
en ce cas, des juges injustes.

Aussi furent commises ce jour-là quelques
bourdes qu'on pourrait considérer comme bizarres,
⁴⁵ si la prudence, plutôt que le caprice, était le carac-
tère distinctif, éternel des Fées.

Ainsi la puissance d'attirer magnétiquement la
fortune fut adjugée à l'héritier unique d'une famille
très-riche, qui, n'étant doué d'aucun sens de charité,
⁵⁰ non plus que d'aucune convoitise pour les biens les
plus visibles de la vie, devait se trouver plus tard
prodigieusement embarrassé de ses millions.

Ainsi furent donnés l'amour du Beau et la
Puissance poétique au fils d'un sombre gueux,
⁵⁵ carrier de son état, qui ne pouvait, en aucune
façon, aider les facultés, ni soulager les besoins de sa
déplorable progéniture.

J'ai oublié de vous dire que la distribution, en ces

cas solennels, est sans appel, et qu'aucun don ne
⁶⁰ peut être refusé.

Toutes les Fées se levaient, croyant leur corvée
accomplie; car il ne restait plus aucun cadeau,
aucune largesse à jeter à tout ce fretin humain,
quand un brave homme, un pauvre petit commer-
⁶⁵ çant, je crois, se leva, et empoignant par sa robe
de vapeurs multicolores la Fée qui était le plus
à sa portée, s'écria :

« Eh! madame! vous nous oubliez! il y a encore
mon petit! Je ne veux pas être venu pour rien. »

⁷⁰   La Fée pouvait être embarrassée; car il ne restait
plus *rien*. Cependant elle se souvint à temps d'une
loi bien connue, quoique rarement appliquée, dans
le monde surnaturel, habité par ces déités impal-
pables, amies de l'homme, et souvent contraintes
⁷⁵ de s'adapter à ses passions, telles que les Fées,
les Gnomes, les Salamandres, les Sylphides, les
Sylphes, les Nixes, les Ondins et les Ondines, —
je veux parler de la loi qui concède aux Fées,
dans un cas semblable à celui-ci, c'est-à-dire le
⁸⁰ cas d'épuisement des lots, la faculté d'en donner
encore un, supplémentaire et exceptionnel, pourvu
toutefois qu'elle ait l'imagination suffisante pour
le créer immédiatement.

Donc la bonne Fée répondit, avec un aplomb
⁸⁵ digne de son rang : « Je donne à ton fils... je lui
donne... le *Don de plaire!* »

« Mais plaire comment? plaire...? plaire pour-
quoi? » demanda opiniâtrément le petit boutiquier,
qui était sans doute un de ces raisonneurs si com-
⁹⁰ muns, incapable de s'élever jusqu'à la logique de
l'Absurde.

« Parce que! parce que! » répliqua la Fée cour-
roucée, en lui tournant le dos; et rejoignant le

cortége de ses compagnes, elle leur disait : « Com-
⁹⁵ ment trouvez-vous ce petit Français vaniteux,
qui veut tout comprendre, et qui ayant obtenu
pour son fils le meilleur des lots, ose encore inter-
roger et discuter l'indiscutable? »

XXI

LES TENTATIONS

OU ÉROS, PLUTUS ET LA GLOIRE

Deux superbes Satans et une Diablesse, non moins extraordinaire, ont la nuit dernière monté l'escalier mystérieux par où l'Enfer donne assaut à la faiblesse de l'homme qui dort, et communique
⁵ en secret avec lui. Et ils sont venus se poser glorieusement devant moi, debout comme sur une estrade. Une splendeur sulfureuse émanait de ces trois personnages, qui se détachaient ainsi du fond opaque de la nuit. Ils avaient l'air si fier et si plein
¹⁰ de domination, que je les pris d'abord tous les trois pour de vrais Dieux.

Le visage du premier Satan était d'un sexe ambigu, et il avait aussi, dans les lignes de son corps, la mollesse des anciens Bacchus. Ses beaux
¹⁵ yeux languissants, d'une couleur ténébreuse et indécise, ressemblaient à des violettes chargées encore des lourds pleurs de l'orage, et ses lèvres entr'ouvertes à des cassolettes chaudes, d'où s'exhalait la bonne odeur d'une parfumerie; et
²⁰ à chaque fois qu'il soupirait, des insectes musqués s'illuminaient, en voletant, aux ardeurs de son souffle.

Autour de sa tunique de pourpre était roulé, en

manière de ceinture, un serpent chatoyant qui, la
25 tête relevée, tournait langoureusement vers lui
ses yeux de braise. A cette ceinture vivante étaient
suspendus, alternant avec des fioles pleines de
liqueurs sinistres, de brillants couteaux et des ins-
truments de chirurgie. Dans sa main droite il tenait
30 une autre fiole dont le contenu était d'un rouge
lumineux, et qui portait pour étiquette ces mots
bizarres : « Buvez, ceci est mon sang, un parfait
cordial ; » dans la gauche, un violon qui lui servait
sans doute à chanter ses plaisirs et ses douleurs,
35 et à répandre la contagion de sa folie dans les nuits
de sabbat.

A ses chevilles délicates traînaient quelques
anneaux d'une chaîne d'or rompue, et quand la
gêne qui en résultait le forçait à baisser les yeux
40 vers la terre, il contemplait vaniteusement les
ongles de ses pieds, brillants et polis comme des
pierres bien travaillées.

Il me regarda avec ses yeux inconsolablement
navrés, d'où s'écoulait une insidieuse ivresse, et il
45 me dit d'une voix chantante : « Si tu veux, si tu
veux, je te ferai le seigneur des âmes, et tu seras
le maître de la matière vivante, plus encore que le
sculpteur peut l'être de l'argile ; et tu connaîtras
le plaisir, sans cesse renaissant, de sortir de toi-
50 même pour t'oublier dans autrui, et d'attirer les
autres âmes jusqu'à les confondre avec la tienne. »

Et je lui répondis : « Grand merci ! je n'ai que
faire de cette pacotille d'êtres qui, sans doute,
ne valent pas mieux que mon pauvre moi. Bien
55 que j'aie quelque honte à me souvenir, je ne veux
rien oublier ; et quand même je ne te connaîtrais
pas, vieux monstre, ta mystérieuse coutellerie,
tes fioles équivoques, les chaînes dont tes pieds

sont empêtrés, sont des symboles qui expliquent
60 assez clairement les inconvénients de ton amitié.
Garde tes présents. »

Le second Satan n'avait ni cet air à la fois tragi-
que et souriant, ni ces belles manières insinuantes,
ni cette beauté délicate et parfumée. C'était un
65 homme vaste, à gros visage sans yeux, dont la
lourde bedaine surplombait les cuisses, et dont toute
la peau était dorée et illustrée, comme d'un tatoua-
ge, d'une foule de petites figures mouvantes repré-.
sentant les formes nombreuses de la misère univer-
70 selle. Il y avait de petits hommes efflanqués qui
se suspendaient volontairement à un clou; il y
avait de petits gnomes difformes, maigres, dont les
yeux suppliants réclamaient l'aumône mieux encore
que leurs mains tremblantes; et puis de vieilles
75 mères portant des avortons accrochés à leurs ma-
melles exténuées. Il y en avait encore bien d'autres.

Le gros Satan tapait avec son poing sur son
immense ventre, d'où sortait alors un long et reten-
tissant cliquetis de métal, qui se terminait en un
80 vague gémissement fait de nombreuses voix humai-
nes. Et il riait, en montrant impudemment ses
dents gâtées, d'un énorme rire imbécile, comme
certains hommes de tous les pays quand ils ont
trop bien dîné.

85 Et celui-là me dit : « Je puis te donner ce qui
obtient tout, ce qui vaut tout, ce qui remplace tout ! »
Et il tapa sur son ventre monstrueux, dont l'écho
sonore fit le commentaire de sa grossière parole.

Je me détournai avec dégoût, et je répondis :
90 « Je n'ai besoin, pour ma jouissance, de la misère de
personne; et je ne veux pas d'une richesse attristée,
comme un papier de tenture, de tous les malheurs
représentés sur ta peau. »

Quant à la Diablesse, je mentirais si je n'avouais
⁹⁵ pas qu'à première vue je lui trouvai un bizarre
charme. Pour définir ce charme, je ne saurais le
comparer à rien de mieux qu'à celui des très-belles
femmes sur le retour, qui cependant ne vieillissent
plus, et dont la beauté garde la magie pénétrante des
¹⁰⁰ ruines. Elle avait l'air à la fois impérieux et dégin-
gandé, et ses yeux, quoique battus, contenaient
une force fascinatrice. Ce qui me frappa le plus,
ce fut le mystère de sa voix, dans laquelle je retrou-
vais le souvenir des *contralti* les plus délicieux et
¹⁰⁵ aussi un peu de l'enrouement des gosiers inces-
samment lavés par l'eau-de-vie.

« Veux-tu connaître ma puissance? » dit la fausse
déesse avec sa voix charmante et paradoxale.
« Écoute. »
¹¹⁰ Et elle emboucha alors une gigantesque trom-
pette, enrubannée, comme un mirliton, des titres
de tous les journaux de l'univers, et à travers cette
trompette elle cria mon nom, qui roula ainsi à
travers l'espace avec le bruit de cent mille tonnerres,
¹¹⁵ et me revint répercuté par l'écho de la plus loin-
taine planète.

« Diable! » fis-je, à moitié subjugué, « voilà qui
est précieux! » Mais en examinant plus attentive-
ment la séduisante virago, il me sembla vaguement
¹²⁰ que je la reconnaissais pour l'avoir vue trinquant
avec quelques drôles de ma connaissance; et le son
rauque du cuivre apporta à mes oreilles je ne sais
quel souvenir d'une trompette prostituée.

Aussi je répondis, avec tout mon dédain : « Va-
¹²⁵ t'en! Je ne suis pas fait pour épouser la maîtresse
de certains que je ne veux pas nommer. »

Certes, d'une si courageuse abnégation j'avais le
droit d'être fier. Mais malheureusement je me réveil-

lai, et toute ma force m'abandonna. « En vérité,
130 me dis-je, il fallait que je fusse bien lourdement
assoupi pour montrer de tels scrupules. Ah! s'ils
pouvaient revenir pendant que je suis éveillé, je
ne ferais pas tant le délicat! »

Et je les invoquai à haute voix, les suppliant
135 de me pardonner, leur offrant de me déshonorer
aussi souvent qu'il le faudrait pour mériter leurs
faveurs; mais je les avais sans doute fortement
offensés, car ils ne sont jamais revenus.

XXII

LE CRÉPUSCULE DU SOIR

Le jour tombe. Un grand apaisement se fait dans les pauvres esprits fatigués du labeur de la journée; et leurs pensées prennent maintenant les couleurs tendres et indécises du crépuscule.

5   Cependant du haut de la montagne arrive à mon balcon, à travers les nues transparentes du soir, un grand hurlement, composé d'une foule de cris discordants, que l'espace transforme en une lugubre harmonie, comme celle de la marée qui monte ou d'une 10 tempête qui s'éveille.

Quels sont les infortunés que le soir ne calme pas, et qui prennent, comme les hiboux, la venue de la nuit pour un signal de sabbat? Cette sinistre ululation nous arrive du noir hospice perché sur la mon- 15 tagne; et, le soir, en fumant et en contemplant le repos de l'immense vallée, hérissée de maisons dont chaque fenêtre dit : « C'est ici la paix maintenant; c'est ici la joie de la famille! » je puis, quand le vent souffle de là-haut, bercer ma pensée étonnée 20 à cette imitation des harmonies de l'enfer.

Le crépuscule excite les fous. — Je me souviens que j'ai eu deux amis que le crépuscule rendait tout malades. L'un méconnaissait alors tous les rapports

d'amitié et de politesse, et maltraitait, comme un
25 sauvage, le premier venu. Je l'ai vu jeter à la tête
d'un maître d'hôtel un excellent poulet, dans lequel
il croyait voir je ne sais quel insultant hiéroglyphe.
Le soir, précurseur des voluptés profondes, lui gâtait
les choses les plus succulentes.

30 L'autre, un ambitieux blessé, devenait, à mesure
que le jour baissait, plus aigre, plus sombre, plus
taquin. Indulgent et sociable encore pendant la
journée, il était impitoyable le soir; et ce n'était
pas seulement sur autrui, mais aussi sur lui-même,
35 que s'exerçait rageusement sa manie crépusculeuse.

Le premier est mort fou, incapable de reconnaître
sa femme et son enfant; le second porte en lui l'in-
quiétude d'un malaise perpétuel, et fût-il gratifié de
tous les honneurs que peuvent conférer les républi-
40 ques et les princes, je crois que le crépuscule allume-
rait encore en lui la brûlante envie de distinctions
imaginaires. La nuit, qui mettait ses ténèbres dans
leur esprit, fait la lumière dans le mien; et, bien qu'il
ne soit pas rare de voir la même cause engendrer
45 deux effets contraires, j'en suis toujours comme intri-
gué et alarmé.

O nuit! ô rafraîchissantes ténèbres! vous êtes pour
moi le signal d'une fête intérieure, vous êtes la déli-
vrance d'une angoisse! Dans la solitude des plaines,
50 dans les labyrinthes pierreux d'une capitale, scintille-
ment des étoiles, explosion des lanternes, vous
êtes le feu d'artifice de la déesse Liberté!

Crépuscule, comme vous êtes doux et tendre!
Les lueurs roses qui traînent encore à l'horizon
55 comme l'agonie du jour sous l'oppression victorieuse
de sa nuit, les feux des candélabres qui font des
taches d'un rouge opaque sur les dernières gloires
du couchant, les lourdes draperies qu'une main

invisible attire des profondeurs de l'Orient, imitent
60 tous les sentiments compliqués qui luttent dans le
cœur de l'homme aux heures solennelles de la vie.

On dirait encore une de ces robes étranges de
danseuses, où une gaze transparente et sombre
laisse entrevoir les splendeurs amorties d'une jupe
65 éclatante, comme sous le noir présent transperce le
délicieux passé; et les étoiles vacillantes d'or et
d'argent, dont elle est semée, représentent ces feux
de la fantaisie qui ne s'allument bien que sous le
deuil profond de la Nuit.

LA SOLITUDE

Un gazetier philanthrope me dit que la solitude
est mauvaise pour l'homme; et à l'appui de sa thèse,
il cite, comme tous les incrédules, des paroles des
Pères de l'Église.

⁵ Je sais que le Démon fréquente volontiers les
lieux arides, et que l'Esprit de meurtre et de lubri-
cité s'enflamme merveilleusement dans les solitudes.
Mais il serait possible que cette solitude ne fût
dangereuse que pour l'âme oisive et divagante qui
¹⁰ la peuple de ses passions et de ses chimères.

Il est certain qu'un bavard, dont le suprême
plaisir consiste à parler du haut d'une chaire ou
d'une tribune, risquerait fort de devenir fou furieux
dans l'île de Robinson. Je n'exige pas de mon
¹⁵ gazetier les courageuses vertus de Crusoé, mais je
demande qu'il ne décrète pas d'accusation les
amoureux de la solitude et du mystère.

Il y a dans nos races jacassières des individus qui
accepteraient avec moins de répugnance le supplice
²⁰ suprême, s'il leur était permis de faire du haut de
l'échafaud une copieuse harangue, sans craindre que
les tambours de Santerre ne leur coupassent intem-
pestivement la parole.

Je ne les plains pas, parce que je devine que leurs
25 effusions oratoires leur procurent des voluptés égales
à celles que d'autres tirent du silence et du recueille-
ment ; mais je les méprise.

Je désire surtout que mon maudit gazetier me
laisse m'amuser à ma guise. « Vous n'éprouvez donc
30 jamais, — me dit-il, avec un ton de nez très-aposto-
lique, — le besoin de partager vos jouissances ? »
Voyez-vous le subtil envieux ! Il sait que je dédaigne
les siennes, et il vient s'insinuer dans les miennes,
le hideux trouble-fête !

35 « Ce grand malheur de ne pouvoir être seul !... »
dit quelque part La Bruyère, comme pour faire
honte à tous ceux qui courent s'oublier dans la
foule, craignant sans doute de ne pouvoir se suppor-
ter eux-mêmes.

40 « Presque tous nos malheurs nous viennent de
n'avoir pas su rester dans notre chambre, » dit un
autre sage, Pascal, je crois, rappelant ainsi dans la
cellule du recueillement tous ces affolés qui cher-
chent le bonheur dans le mouvement et dans une
45 prostitution que je pourrais appeler *fraternitaire*,
si je voulais parler la belle langue de mon siècle.

XXIV

LES PROJETS

Il se disait, en se promenant dans un grand parc solitaire : « Comme elle serait belle dans un costume de cour, compliqué et fastueux, descendant, à travers l'atmosphère d'un beau soir, les degrés de
5 marbre d'un palais, en face des grandes pelouses et des bassins! Car elle a naturellement l'air d'une princesse. »

En passant plus tard dans une rue, il s'arrêta devant une boutique de gravures, et, trouvant dans
10 un carton une estampe représentant un paysage tropical, il se dit : « Non! ce n'est pas dans un palais que je voudrais posséder sa chère vie. Nous n'y serions pas *chez nous*. D'ailleurs ces murs criblés d'or ne laisseraient pas une place pour accrocher
15 son image; dans ces solennelles galeries, il n'y a pas un coin pour l'intimité. Décidément, c'est *là* qu'il faudrait demeurer pour cultiver le rêve de ma vie. »

Et, tout en analysant des yeux les détails de la gravure, il continuait mentalement : « Au bord de la
20 mer, une belle case en bois, enveloppée de tous ces arbres bizarres et luisants dont j'ai oublié les noms....., dans l'atmosphère, une odeur enivrante, indéfinissable....., dans la case un puissant parfum

de rose et de musc....., plus loin, derrière notre petit
25 domaine, des bouts de mâts balancés par la houle.....,
autour de nous, au delà de la chambre éclairée d'une
lumière rose tamisée par les stores, décorée de
nattes fraîches et de fleurs capiteuses, avec de
rares siéges d'un rococo portugais, d'un bois lourd
30 et ténébreux (où elle reposerait si calme, si bien
éventée, fumant le tabac légèrement opiacé!),
au delà de la varangue, le tapage des oiseaux ivres
de lumière, et le jacassement des petites négresses.....,
et, la nuit, pour servir d'accompagnement à mes
35 songes, le chant plaintif des arbres à musique, des
mélancoliques filaos! Oui, en vérité, c'est bien *là*
le décor que je cherchais. Qu'ai-je à faire de palais? »

Et plus loin, comme il suivait une grande avenue,
il aperçut une auberge proprette, où d'une fenêtre
40 égayée par des rideaux d'indienne bariolée se
penchaient deux têtes rieuses. Et tout de suite :
« Il faut, — se dit-il, — que ma pensée soit une grande
vagabonde pour aller chercher si loin ce qui est
si près de moi. Le plaisir et le bonheur sont dans
45 la première auberge venue, dans l'auberge du hasard,
si féconde en voluptés. Un grand feu, des faïences
voyantes, un souper passable, un vin rude, et un
lit très-large avec des draps un peu âpres, mais
frais; quoi de mieux? »

50 Et en rentrant seul chez lui, à cette heure où les
conseils de la Sagesse ne sont plus étouffés par les
bourdonnements de la vie extérieure, il se dit :
« J'ai eu aujourd'hui, en rêve, trois domiciles où j'ai
trouvé un égal plaisir. Pourquoi contraindre mon
55 corps à changer de place, puisque mon âme voyage
si lestement? Et à quoi bon exécuter des projets,
puisque le projet est en lui-même une jouissance
suffisante? »

LA BELLE DOROTHÉE

Le soleil accable la ville de sa lumière droite et terrible; le sable est éblouissant et la mer miroite. Le monde stupéfié s'affaisse lâchement et fait la sieste, une sieste qui est une espèce de mort savou-
5 reuse où le dormeur, à demi éveillé, goûte les voluptés de son anéantissement.

Cependant Dorothée, forte et fière comme le soleil, s'avance dans la rue déserte, seule vivante à cette heure sous l'immense azur, et faisant sur la
10 lumière une tache éclatante et noire.

Elle s'avance, balançant mollement son torse si mince sur ses hanches si larges. Sa robe de soie collante, d'un ton clair et rose, tranche vivement sur les ténèbres de sa peau et moule exactement sa
15 taille longue, son dos creux et sa gorge pointue.

Son ombrelle rouge, tamisant la lumière, projette sur son visage sombre le fard sanglant de ses reflets.

Le poids de son énorme chevelure presque bleue tire en arrière sa tête délicate et lui donne un air
20 triomphant et paresseux. De lourdes pendeloques gazouillent secrètement à ses mignonnes oreilles.

De temps en temps la brise de mer soulève par le coin sa jupe flottante et montre sa jambe luisante

et superbe ; et son pied, pareil aux pieds des déesses
25 de marbre que l'Europe enferme dans ses musées,
imprime fidèlement sa forme sur le sable fin. Car
Dorothée est si prodigieusement coquette, que le
plaisir d'être admirée l'emporte chez elle sur l'or-
gueil de l'affranchie, et, bien qu'elle soit libre,
30 elle marche sans souliers.

Elle s'avance ainsi, harmonieusement, heureuse
de vivre et souriant d'un blanc sourire, comme si
elle apercevait au loin dans l'espace un miroir
reflétant sa démarche et sa beauté.

35 A l'heure où les chiens eux-mêmes gémissent de
douleur sous le ·soleil qui les mord, quel puissant
motif fait donc aller ainsi la paresseuse Dorothée,
belle et froide comme le bronze ?

Pourquoi a-t-elle quitté sa petite case si coquette-
40 ment arrangée, dont les fleurs et les nattes font à si
peu de frais un parfait boudoir ; où elle prend tant
de plaisir à se peigner, à fumer, à se faire éventer ou
à se regarder dans le miroir de ses grands éventails
de plumes, pendant que la mer, qui bat la plage
45 à cent pas de là, fait à ses rêveries indécises un
puissant et monotone accompagnement, et que la
marmite de fer, où cuit un ragoût de crabes au riz
et au safran, lui envoie, du fond de la cour, ses
parfums excitants ?

50 Peut-être a-t-elle un rendez-vous avec quelque
jeune officier qui, sur des plages lointaines, a entendu
parler par ses camarades de la célèbre Dorothée.
Infailliblement elle le priera, la simple créature, de
lui décrire le bal de l'Opéra, et lui demandera si on
55 peut y aller pieds nus, comme aux danses du diman-
che, où les vieilles Cafrines elles-mêmes deviennent
ivres et furieuses de joie ; et puis encore si les belles
dames de Paris sont toutes plus belles qu'elle.

   Dorothée est admirée et choyée de tous, et elle
60 serait parfaitement heureuse si elle n'était obligée
d'entasser piastre sur piastre pour racheter sa petite
sœur qui a bien onze ans, et qui est déjà mûre, et si
belle! Elle réussira sans doute, la bonne Dorothée;
le maître de l'enfant est si avare, trop avare pour
65 comprendre une autre beauté que celle des écus!

XXVI

LES YEUX DES PAUVRES

Ah! vous voulez savoir pourquoi je vous hais aujourd'hui. Il vous sera sans doute moins facile de le comprendre qu'à moi de vous l'expliquer; car vous êtes, je crois, le plus bel exemple d'imper
⁵ méabilité féminine qui se puisse rencontrer.

Nous avions passé ensemble une longue journée qui m'avait paru courte. Nous nous étions bien promis que toutes nos pensées nous seraient communes à l'un et à l'autre, et que nos deux âmes
¹⁰ désormais n'en feraient plus qu'une; — un rêve qui n'a rien d'original, après tout, si ce n'est que, rêvé par tous les hommes, il n'a été réalisé par aucun.

Le soir, un peu fatiguée, vous voulûtes vous asseoir devant un café neuf qui formait le coin d'un
¹⁵ boulevard neuf, encore tout plein de gravois et montrant déjà glorieusement ses splendeurs inachevées. Le café étincelait. Le gaz lui-même y déployait toute l'ardeur d'un début, et éclairait de toutes ses forces les murs aveuglants de blancheur, les nappes
²⁰ éblouissantes des miroirs, les ors des baguettes et des corniches, les pages aux joues rebondies traînés par les chiens en laisse, les dames riant au faucon perché sur leur poing, les nymphes et les

déesses portant sur leur tête des fruits, des pâtés
25 et du gibier, les Hébés et les Ganymèdes présen-
tant à bras tendu la petite amphore à bavaroises
ou l'obélisque bicolore des glaces panachées; toute
l'histoire et toute la mythologie mises au service
de la goinfrerie.

30 Droit devant nous, sur la chaussée, était planté
un brave homme d'une quarantaine d'années, au
visage fatigué, à la barbe grisonnante, tenant d'une
main un petit garçon et portant sur l'autre bras
un petit être trop faible pour marcher. Il remplis-
35 sait l'office de bonne et faisait prendre à ses enfants
l'air du soir. Tous en guenilles. Ces trois visages
étaient extraordinairement sérieux, et ces six
yeux contemplaient fixement le café nouveau
avec une admiration égale, mais nuancée diverse-
40 ment par l'âge.

Les yeux du père disaient : « Que c'est beau!
que c'est beau! on dirait que tout l'or du pauvre
monde est venu se porter sur ces murs. » — Les
yeux du petit garçon : « Que c'est beau! que c'est
45 beau! mais c'est une maison où peuvent seuls entrer
les gens qui ne sont pas comme nous. » — Quant
aux yeux du plus petit, ils étaient trop fascinés
pour exprimer autre chose qu'une joie stupide
et profonde.

50 Les chansonniers disent que le plaisir rend l'âme
bonne et amollit le cœur. La chanson avait raison ce
soir-là, relativement à moi. Non-seulement j'étais
attendri par cette famille d'yeux, mais je me sentais
un peu honteux de nos verres et de nos carafes,
55 plus grands que notre soif. Je tournais mes regards
vers les vôtres, cher amour, pour y lire *ma* pensée;
je plongeais dans vos yeux si beaux et si bizarre-
ment doux, dans vos yeux verts, habités par le

Caprice et inspirés par la Lune, quand vous me
dites : « Ces gens-là me sont insupportables avec
leurs yeux ouverts comme des portes cochères!
Ne pourriez-vous pas prier le maître du café de les
éloigner d'ici? »

Tant il est difficile de s'entendre, mon cher ange,
et tant la pensée est incommunicable, même entre
gens qui s'aiment!

XXVII

UNE MORT HÉROÏQUE

Fancioulle était un admirable bouffon, et presque
un des amis du Prince. Mais pour les personnes
vouées par état au comique, les choses sérieuses ont
de fatales attractions, et, bien qu'il puisse paraître
5 bizarre que les idées de patrie et de liberté s'empa-
rent despotiquement du cerveau d'un histrion, un
jour Fancioulle entra dans une conspiration formée
par quelques gentilshommes mécontents.

Il existe partout des hommes de bien pour dénon-
10 cer au pouvoir des individus d'humeur atrabilaire
qui veulent déposer les princes et opérer, sans la
consulter, le déménagement d'une société. Les sei-
gneurs en question furent arrêtés, ainsi que Fan-
cioulle, et voués à une mort certaine.

15 Je croirais volontiers que le Prince fut presque
fâché de trouver son comédien favori parmi les
rebelles. Le Prince n'était ni meilleur ni pire qu'un
autre; mais une excessive sensibilité le rendait, en
beaucoup de cas, plus cruel et plus despote que
20 tous ses pareils. Amoureux passionné des beaux-
arts, excellent connaisseur d'ailleurs, il était vrai-
ment insatiable de voluptés. Assez indifférent
relativement aux hommes et à la morale, véritable

artiste lui-même, il ne connaissait d'ennemi
25 dangereux que l'Ennui, et les efforts bizarres
qu'il faisait pour fuir ou pour vaincre ce tyran
du monde lui auraient certainement attiré, de la
part d'un historien sévère, l'épithète de « mons-
tre », s'il avait été permis, dans ses domaines, d'écrire
30 quoi que ce fût qui ne tendît pas uniquement au
plaisir ou à l'étonnement, qui est une des formes les
plus délicates du plaisir. Le grand malheur de ce
Prince fut qu'il n'eut jamais un théâtre assez vaste
pour son génie. Il y a de jeunes Nérons qui étouffent
35 dans des limites trop étroites, et dont les siècles à
venir ignoreront toujours le nom et la bonne volonté.
L'imprévoyante Providence avait donné à celui-ci
des facultés plus grandes que ses États.

Tout d'un coup le bruit courut que le souverain
40 voulait faire grâce à tous les conjurés ; et l'origine de
ce bruit fut l'annonce d'un grand spectacle où Fan-
cioulle devait jouer l'un de ses principaux et de ses
meilleurs rôles, et auquel assisteraient même, disait-
on, les gentilshommes condamnés ; signe évident,
45 ajoutaient les esprits superficiels, des tendances
généreuses du Prince offensé.

De la part d'un homme aussi naturellement et
volontairement excentrique, tout était possible,
même la vertu, même la clémence, surtout s'il
50 avait pu espérer y trouver des plaisirs inattendus.
Mais pour ceux qui, comme moi, avaient pu péné-
trer plus avant dans les profondeurs de cette âme
curieuse et malade, il était infiniment plus probable
que le Prince voulait juger de la valeur des talents
55 scéniques d'un homme condamné à mort. Il voulait
profiter de l'occasion pour faire une expérience
physiologique d'un intérêt *capital*, et vérifier
jusqu'à quel point les facultés habituelles d'un

artiste pouvaient être altérées ou modifiées par la
⁶⁰ situation extraordinaire où il se trouvait; au delà,
existait-il dans son âme une intention plus ou
moins arrêtée de clémence? C'est un point qui n'a
jamais pu être éclairci.

Enfin, le grand jour arrivé, cette petite cour
⁶⁵ déploya toutes ses pompes, et il serait difficile de
concevoir, à moins de l'avoir vu, tout ce que la
classe privilégiée d'un petit État, à ressources
restreintes, peut montrer de splendeurs pour une
vraie solennité. Celle-là était doublement vraie,
⁷⁰ d'abord par la magie du luxe étalé, ensuite par
l'intérêt moral et mystérieux qui y était attaché.

Le sieur Fancioulle excellait surtout dans les rôles
muets ou peu chargés de paroles, qui sont souvent
les principaux dans ces drames féeriques dont l'objet
⁷⁵ est de représenter symboliquement le mystère de la
vie. Il entra en scène légèrement et avec une aisance
parfaite, ce qui contribua à fortifier, dans le noble
public, l'idée de douceur et de pardon.

Quand on dit d'un comédien : « Voilà un bon comé-
⁸⁰ dien », on se sert d'une formule qui implique que
sous le personnage se laisse encore deviner le comé-
dien, c'est-à-dire l'art, l'effort, la volonté. Or, si
un comédien arrivait à être, relativement au per-
sonnage qu'il est chargé d'exprimer, ce que les
⁸⁵ meilleures statues de l'antiquité, miraculeusement
animées, vivantes, marchantes, voyantes, seraient
relativement à l'idée générale et confuse de beauté,
ce serait là, sans doute, un cas singulier et tout à
fait imprévu. Fancioulle fut, ce soir-là, une parfaite
⁹⁰ idéalisation, qu'il était impossible de ne pas suppo-
ser vivante, possible, réelle. Ce bouffon allait,
venait, riait, pleurait, se convulsait, avec une indes-
tructible auréole autour de la tête, auréole invisible

pour tous, mais visible pour moi, et où se mêlaient,
95 dans un étrange amalgame, les rayons de l'Art
et la gloire du Martyre. Fancioulle introduisait,
par je ne sais quelle grâce spéciale, le divin et le
surnaturel, jusque dans les plus extravagantes bouf-
fonneries. Ma plume tremble, et des larmes d'une
100 émotion toujours présente me montent aux yeux
pendant que je cherche à vous décrire cette inou-
bliable soirée. Fancioulle me prouvait, d'une manière
péremptoire, irréfutable, que l'ivresse de l'Art
est plus apte que toute autre à voiler les terreurs du
105 gouffre ; que le génie peut jouer la comédie au bord
de la tombe avec une joie qui l'empêche de voir la
tombe, perdu, comme il est, dans un paradis
excluant toute idée de tombe et de destruc-
tion.
110   Tout ce public, si blasé et frivole qu'il pût être,
subit bientôt la toute-puissante domination de
l'artiste. Personne ne rêva plus de mort, de deuil,
ni de supplices. Chacun s'abandonna, sans inquié-
tude, aux voluptés multipliées que donne la vue
115 d'un chef-d'œuvre d'art vivant. Les explosions de
la joie et de l'admiration ébranlèrent à plusieurs
reprises les voûtes de l'édifice avec l'énergie d'un
tonnerre continu. Le Prince lui-même, enivré,
mêla ses applaudissements à ceux de sa cour.
120   Cependant, pour un œil clairvoyant, son ivresse,
à lui, n'était pas sans mélange. Se sentait-il vaincu
dans son pouvoir de despote ? humilié dans son art
de terrifier les cœurs et d'engourdir les esprits ?
frustré de ses espérances et bafoué dans ses prévi-
125 sions ? De telles suppositions non exactement justi-
fiées, mais non absolument injustifiables, traversè-
rent mon esprit pendant que je contemplais le
visage du Prince, sur lequel une pâleur nouvelle

s'ajoutait sans cesse à sa pâleur habituelle, comme
130 la neige s'ajoute à la neige. Ses lèvres se resserraient
de plus en plus, et ses yeux s'éclairaient d'un feu
intérieur semblable à celui de la jalousie et de la
rancune, même pendant qu'il applaudissait osten-
siblement les talents de son vieil ami, l'étrange
135 bouffon, qui bouffonnait si bien la mort. A un
certain moment, je vis Son Altesse se pencher vers
un petit page, placé derrière elle, et lui parler à
l'oreille. La physionomie espiègle du joli enfant
s'illumina d'un sourire; et puis il quitta vivement la
140 loge princière comme pour s'acquitter d'une com-
mission urgente.

Quelques minutes plus tard un coup de sifflet
aigu, prolongé, interrompit Fancioulle dans un de
ses meilleurs moments, et déchira à la fois les oreilles
145 et les cœurs. Et de l'endroit de la salle d'où avait
jailli cette désapprobation inattendue, un enfant
se précipitait dans un corridor avec des rires
étouffés.

Fancioulle, secoué, réveillé dans son rêve, ferma
150 d'abord les yeux, puis les rouvrit presque aussitôt,
démesurément agrandis, ouvrit ensuite la bouche
comme pour respirer convulsivement, chancela un
peu en avant, un peu en arrière, et puis tomba roide
mort sur les planches.

Le sifflet, rapide comme un glaive, avait-il
155 réellement frustré le bourreau? Le Prince avait-il
lui-même deviné toute l'homicide efficacité de sa
ruse? Il est permis d'en douter. Regretta-t-il son
cher et inimitable Fancioulle? Il est doux et légitime
de le croire.

160 Les gentilshommes coupables avaient joui pour
la dernière fois du spectacle de la comédie. Dans la
même nuit ils furent effacés de la vie.

Depuis lors, plusieurs mimes, justement appré-
ciés dans différents pays, sont venus jouer devant
165 la cour de ***; mais aucun d'eux n'a pu rappeler
les merveilleux talents de Fancioulle, ni s'élever
jusqu'à la même *faveur*.

XXVIII

LA FAUSSE MONNAIE

Comme nous nous éloignions du bureau de tabac,
mon ami fit un soigneux triage de sa monnaie;
dans la poche gauche de son gilet il glissa de petites
pièces d'or; dans la droite, de petites pièces d'argent;
⁵ dans la poche gauche de sa culotte, une masse de
gros sols, et enfin, dans la droite, une pièce d'argent
de deux francs qu'il avait particulièrement exami-
née.

« Singulière et minutieuse répartition! » me dis-je
¹⁰ en moi-même.

Nous fîmes la rencontre d'un pauvre qui nous
tendit sa casquette en tremblant. — Je ne connais
rien de plus inquiétant que l'éloquence muette de
ces yeux suppliants, qui contiennent à la fois,
¹⁵ pour l'homme sensible qui sait y lire, tant d'humi-
lité, tant de reproches. Il y trouve quelque chose
approchant cette profondeur de sentiment com-
pliqué, dans les yeux larmoyants des chiens qu'on
fouette.

²⁰ L'offrande de mon ami fut beaucoup plus consi-
dérable que la mienne, et je lui dis : « Vous avez
raison; après le plaisir d'être étonné, il n'en est
pas de plus grand que celui de causer une surprise.

— C'était la pièce fausse », me répondit-il tranquille-
ment, comme pour se justifier de sa prodigalité.
    Mais dans mon misérable cerveau, toujours
occupé à chercher midi à quatorze heures (de quelle
fatigante faculté la nature m'a fait cadeau!)
entra soudainement cette idée qu'une pareille
conduite, de la part de mon ami, n'était excusable
que par le désir de créer un événement dans la
vie de ce pauvre diable, peut-être même de connaî-
tre les conséquences diverses, funestes ou autres,
que peut engendrer une pièce fausse dans la main
d'un mendiant. Ne pouvait-elle pas se multiplier
en pièces vraies? ne pouvait-elle pas aussi le con-
duire en prison? Un cabaretier, un boulanger,
par exemple, allait peut-être le faire arrêter comme
faux monnayeur ou comme propagateur de fausse
monnaie. Tout aussi bien la pièce fausse serait
peut-être, pour un pauvre petit spéculateur, le
germe d'une richesse de quelques jours. Et ainsi
ma fantaisie allait son train, prêtant des ailes à l'es-
prit de mon ami et tirant toutes les déductions
possibles de toutes les hypothèses possibles.
    Mais celui-ci rompit brusquement ma rêverie en
reprenant mes propres paroles : « Oui, vous avez
raison; il n'est pas de plaisir plus doux que de sur-
prendre un homme en lui donnant plus qu'il
n'espère. »
    Je le regardai dans le blanc des yeux, et je fus
épouvanté de voir que ses yeux brillaient d'une
incontestable candeur. Je vis alors clairement qu'il
avait voulu faire à la fois la charité et une bonne
affaire; gagner quarante sols et le cœur de Dieu;
emporter le paradis économiquement; enfin attra-
per gratis un brevet d'homme charitable. Je lui
aurais presque pardonné le désir de la criminelle

jouissance dont je le supposais tout à l'heure capa-
⁶⁰ ble; j'aurais trouvé curieux, singulier, qu'il s'amu-
sât à compromettre les pauvres; mais je ne lui
pardonnerai jamais l'ineptie de son calcul. On n'est
jamais excusable d'être méchant, mais il y a quel-
que mérite à savoir qu'on l'est; et le plus irréparable
⁶⁵ des vices est de faire le mal par bêtise.

XXIX

LE JOUEUR GÉNÉREUX

Hier, à travers la foule du boulevard, je me
sentis frôlé par un Être mystérieux que j'avais
toujours désiré connaître, et que je reconnus tout de
suite, quoique je ne l'eusse jamais vu. Il y avait
sans doute chez lui, relativement à moi, un désir
analogue, car il me fit, en passant, un clignement
d'œil significatif auquel je me hâtai d'obéir. Je le
suivis attentivement, et bientôt je descendis
derrière lui dans une demeure souterraine, éblouis-
sante, où éclatait un luxe dont aucune des habita-
tions supérieures de Paris ne pourrait fournir
un exemple approchant. Il me parut singulier
que j'eusse pu passer si souvent à côté de ce pres-
tigieux repaire sans en deviner l'entrée. Là régnait
une atmosphère exquise, quoique capiteuse, qui
faisait oublier presque instantanément toutes les
fastidieuses horreurs de la vie; on y respirait une
béatitude sombre, analogue à celle que durent
éprouver les mangeurs de lotus quand, débarquant
dans une île enchantée, éclairée des lueurs d'une
éternelle après-midi, ils sentirent naître en eux,
aux sons assoupissants des mélodieuses cascades,
le désir de ne jamais revoir leurs pénates, leurs

femmes, leurs enfants, et de ne jamais remonter
²⁵ sur les hautes lames de la mer.

Il y avait là des visages étranges d'hommes et de
femmes, marqués d'une beauté fatale, qu'il me
semblait avoir vus déjà à des époques et dans des
pays dont il m'était impossible de me souvenir
³⁰ exactement, et qui m'inspiraient plutôt une sym-
pathie fraternelle que cette crainte qui naît ordi-
nairement à l'aspect de l'inconnu. Si je voulais
essayer de définir d'une manière quelconque l'ex-
pression singulière de leurs regards, je dirais
³⁵ que jamais je ne vis d'yeux brillant plus énergi-
quement de l'horreur de l'ennui et du désir immor-
tel de se sentir vivre.

Mon hôte et moi, nous étions déjà, en nous
asseyant, de vieux et parfaits amis. Nous man-
⁴⁰ geâmes, nous bûmes outre mesure de toutes sortes
de vins extraordinaires, et, chose non moins extraor-
dinaire, il me semblait, après plusieurs heures, que
je n'étais pas plus ivre que lui. Cependant le jeu,
ce plaisir surhumain, avait coupé à divers inter-
⁴⁵ valles nos fréquentes libations, et je dois dire que
j'avais joué et perdu mon âme, en partie liée, avec
une insouciance et une légèreté héroïques. L'âme
est une chose si impalpable, si souvent inutile
et quelquefois si gênante, que je n'éprouvai,
⁵⁰ quant à cette perte, qu'un peu moins d'émotion
que si j'avais égaré, dans une promenade, ma carte
de visite.

Nous fumâmes longuement quelques cigares dont
la saveur et le parfum incomparables donnaient à
⁵⁵ l'âme la nostalgie de pays et de bonheurs inconnus,
et, enivré de toutes ces délices, j'osai, dans un accès
de familiarité qui ne parut pas lui déplaire, m'écrier,
en m'emparant d'une coupe pleine jusqu'au

bord : « A votre immortelle santé, vieux Bouc! »
60 Nous causâmes aussi de l'univers, de sa création
et de sa future destruction; de la grande idée du
siècle, c'est-à-dire du progrès et de la perfectibilité,
et, en général, de toutes les formes de l'infatuation
humaine. Sur ce sujet-là, Son Altesse ne tarissait
65 pas en plaisanteries légères et irréfutables, et elle
s'exprimait avec une suavité de diction et une tran-
quillité dans la drôlerie que je n'ai trouvées dans
aucun des plus célèbres causeurs de l'humanité.
Elle m'expliqua l'absurdité des différentes philo-
70 sophies qui avaient jusqu'à présent pris possession
du cerveau humain, et daigna même me faire confi-
dence de quelques principes fondamentaux dont il
ne me convient pas de partager les bénéfices et la
propriété avec qui que ce soit. Elle ne se plaignit
75 en aucune façon de la mauvaise réputation dont elle
jouit dans toutes les parties du monde, m'assura
qu'elle était, elle-même, la personne la plus inté-
ressée à la destruction de la *superstition*, et m'avoua
qu'elle n'avait eu peur, relativement à son propre
80 pouvoir, qu'une seule fois, c'était le jour où elle
avait entendu un prédicateur, plus subtil que ses
confrères, s'écrier en chaire : « Mes chers frères,
n'oubliez jamais, quand vous entendrez vanter
le progrès des lumières, que la plus belle des ruses
85 du diable est de vous persuader qu'il n'existe
pas! »
    Le souvenir de ce célèbre orateur nous conduisit
naturellement vers le sujet des académies, et mon
étrange convive m'affirma qu'il ne dédaignait
90 pas, en beaucoup de cas, d'inspirer la plume, la
parole et la conscience des pédagogues, et qu'il
assistait presque toujours en personne, quoique
invisible, à toutes les séances académiques.

Encouragé par tant de bontés, je lui demandai des
⁹⁵ nouvelles de Dieu, et s'il l'avait vu récemment.
Il me répondit, avec une insouciance nuancée
d'une certaine tristesse : « Nous nous saluons quand
nous nous rencontrons, mais comme deux vieux
gentilshommes, en qui une politesse innée ne saurait
¹⁰⁰ éteindre tout à fait le souvenir d'anciennes ran-
cunes. »

Il est douteux que Son Altesse ait jamais donné
une si longue audience à un simple mortel, et je
craignais d'abuser. Enfin, comme l'aube frisson-
¹⁰⁵ nante blanchissait les vitres, ce célèbre personnage,
chanté par tant de poëtes et servi par tant de phi-
losophes qui travaillent à sa gloire sans le savoir,
me dit : « Je veux que vous gardiez de moi un bon
souvenir, et vous prouver que Moi, dont on dit
¹¹⁰ tant de mal, je suis quelquefois *bon diable*, pour me
servir d'une de vos locutions vulgaires. Afin de
compenser la perte irrémédiable que vous avez
faite de votre âme, je vous donne l'enjeu que vous
auriez gagné si le sort avait été pour vous, c'est-
¹¹⁵ à-dire la possibilité de soulager et de vaincre,
pendant toute votre vie, cette bizarre affection
de l'Ennui, qui est la source de toutes vos maladies
et de tous vos misérables progrès. Jamais un désir
ne sera formé par vous, que je ne vous aide à le
¹²⁰ réaliser; vous régnerez sur vos vulgaires semblables;
vous serez fourni de flatteries et même d'adora-
tions; l'argent, l'or, les diamants, les palais féeri-
ques, viendront vous chercher et vous prieront de
les accepter, sans que vous ayez fait un effort
¹²⁵ pour les gagner; vous changerez de patrie et de
contrée aussi souvent que votre fantaisie vous
l'ordonnera; vous vous soûlerez de voluptés,
sans lassitude, dans des pays charmants où il fait

toujours chaud et où les femmes sentent aussi bon
130 que les fleurs, — et cætera, et cætera... », ajouta-t-il
en se levant et en me congédiant avec un bon sou-
rire.

Si ce n'eût été la crainte de m'humilier devant
une aussi grande assemblée, je serais volontiers
135 tombé aux pieds de ce joueur généreux, pour le
remercier de son inouïe munificence. Mais peu à
peu, après que je l'eus quitté, l'incurable défiance
rentra dans mon sein; je n'osais plus croire à un si
prodigieux bonheur, et, en me couchant, faisant
140 encore ma prière par un reste d'habitude imbécile,
je répétais dans un demi-sommeil : « Mon Dieu !
Seigneur, mon Dieu ! faites que le diable me tienne
sa parole ! »

XXX

LA CORDE

A Édouard Manet

« Les illusions, — me disait mon ami, — sont
aussi innombrables peut-être que les rapports
des hommes entre eux, ou des hommes avec les
choses. Et quand l'illusion disparaît, c'est-à-dire
5 quand nous voyons l'être ou le fait tel qu'il existe
en dehors de nous, nous éprouvons un bizarre sen-
timent, compliqué moitié de regret pour le fantôme
disparu, moitié de surprise agréable devant la
nouveauté, devant le fait réel. S'il existe un phéno-
10 mène évident, trivial, toujours semblable, et d'une
nature à laquelle il soit impossible de se tromper,
c'est l'amour maternel. Il est aussi difficile de suppo-
ser une mère sans amour maternel qu'une lumière
sans chaleur; n'est-il donc pas parfaitement légi-
15 time d'attribuer à l'amour maternel toutes les
actions et les paroles d'une mère, relatives à son
enfant? Et cependant écoutez cette petite histoire,
où j'ai été singulièrement mystifié par l'illusion
la plus naturelle.
20   « Ma profession de peintre me pousse à regarder

attentivement les visages, les physionomies, qui s'offrent dans ma route, et vous savez quelle jouis-sance nous tirons de cette faculté qui rend à nos yeux la vie plus vivante et plus significative que pour les
25 autres hommes. Dans le quartier reculé que j'habite et où de vastes espaces gazonnés séparent encore les bâtiments, j'observai souvent un enfant dont la physionomie ardente et espiègle, plus que toutes les autres, me séduisit tout d'abord. Il a posé plus
30 d'une fois pour moi, et je l'ai transformé tantôt en petit bohémien, tantôt en ange, tantôt en Amour mythologique. Je lui ai fait porter le violon du vagabond, la Couronne d'Épines et les Clous de la Passion, et la Torche d'Éros. Je pris enfin à toute
35 la drôlerie de ce gamin un plaisir si vif, que je priai un jour ses parents, de pauvres gens, de vouloir bien me le céder, promettant de bien l'habiller, de lui donner quelque argent et de ne pas lui impo-ser d'autre peine que de nettoyer mes pinceaux
40 et de faire mes commissions. Cet enfant, débar-bouillé, devint charmant, et la vie qu'il menait chez moi lui semblait un paradis, comparativement à celle qu'il aurait subie dans le taudis paternel. Seulement je dois dire que ce petit bonhomme
45 m'étonna quelquefois par des crises singulières de tristesse précoce, et qu'il manifesta bientôt un goût immodéré pour le sucre et les liqueurs; si bien qu'un jour où je constatai que, malgré mes nombreux avertissements, il avait encore commis
50 un nouveau larcin de ce genre, je le menaçai de le renvoyer à ses parents. Puis je sortis, et mes affaires me retinrent assez longtemps hors de chez moi.

« Quels ne furent pas mon horreur et mon étonne-ment quand, rentrant à la maison, le premier objet
55 qui frappa mes regards fut mon petit bonhomme,

l'espiègle compagnon de ma vie, pendu au panneau
de cette armoire ! Ses pieds touchaient presque le
plancher ; une chaise, qu'il avait sans doute repous-
sée du pied, était renversée à côté de lui ; sa tête était
⁶⁰ penchée convulsivement sur une épaule ; son visage,
boursouflé, et ses yeux, tout grands ouverts avec
une fixité effrayante, me causèrent d'abord l'illu-
sion de la vie. Le dépendre n'était pas une besogne
aussi facile que vous le pouvez croire. Il était déjà
⁶⁵ fort roide, et j'avais une répugnance inexplicable
à le faire brusquement tomber sur le sol. Il fallait
le soutenir tout entier avec un bras, et, avec la main
de l'autre bras, couper la corde. Mais cela fait,
tout n'était pas fini ; le petit monstre s'était servi
⁷⁰ d'une ficelle fort mince qui était entrée profondé-
ment dans les chairs, et il fallait maintenant, avec
de minces ciseaux, chercher la corde entre les deux
bourrelets de l'enflure, pour lui dégager le cou.

« J'ai négligé de vous dire que j'avais vivement
⁷⁵ appelé au secours ; mais tous mes voisins avaient
refusé de me venir en aide, fidèles en cela aux habi-
tudes de l'homme civilisé, qui ne veut jamais, je ne
sais pourquoi, se mêler des affaires d'un pendu.
Enfin vint un médecin qui déclara que l'enfant
⁸⁰ était mort depuis plusieurs heures. Quand, plus
tard, nous eûmes à le déshabiller pour l'ensevelisse-
ment, la rigidité cadavérique était telle, que,
désespérant de fléchir les membres, nous dûmes
lacérer et couper les vêtements pour les lui enlever.

⁸⁵ « Le commissaire, à qui, naturellement, je dus
déclarer l'accident, me regarda de travers, et me dit :
« Voilà qui est louche ! » mû sans doute par un désir
invétéré et une habitude d'état de faire peur, à
tout hasard, aux innocents comme aux coupables.

⁹⁰ « Restait une tâche suprême à accomplir, dont la

seule pensée me causait une angoisse terrible : il
fallait avertir les parents. Mes pieds refusaient
de m'y conduire. Enfin j'eus ce courage. Mais, à
mon grand étonnement, la mère fut impassible,
95 pas une larme ne suinta du coin de son œil. J'attri-
buai cette étrangeté à l'horreur même qu'elle devait
éprouver, et je me souvins de la sentence connue :
« Les douleurs les plus terribles sont les douleurs
muettes. » Quant au père, il se contenta de dire
100 d'un air moitié abruti, moitié rêveur : « Après tout,
cela vaut peut-être mieux ainsi; il aurait toujours
mal fini! »

      « Cependant le corps était étendu sur mon divan,
et, assisté d'une servante, je m'occupais des der-
105 niers préparatifs, quand la mère entra dans mon
atelier. Elle voulait, disait-elle, voir le cadavre
de son fils. Je ne pouvais pas, en vérité, l'empêcher
de s'enivrer de son malheur et lui refuser cette
suprême et sombre consolation. Ensuite elle me
110 pria de lui montrer l'endroit où son petit s'était
pendu. « Oh! non! madame, — lui répondis-je,
— cela vous ferait mal. » Et comme involontaire-
ment mes yeux se tournaient vers la funèbre
armoire, je m'aperçus, avec un dégoût mêlé d'hor-
115 reur et de colère, que le clou était resté fiché dans
la paroi, avec un long bout de corde qui traînait
encore. Je m'élançai vivement pour arracher
ces derniers vestiges du malheur, et comme j'allais
les lancer au dehors par la fenêtre ouverte, la pauvre
120 femme saisit mon bras et me dit d'une voix irrésis-
tible : « Oh! monsieur! laissez-moi cela! je vous en
prie! je vous en supplie! » Son désespoir l'avait,
sans doute, me parut-il, tellement affolée, qu'elle
s'éprenait de tendresse maintenant pour ce qui
125 avait servi d'instrument à la mort de son fils,

et le voulait garder comme une horrible et chère relique. — Et elle s'empara du clou et de la ficelle.

« Enfin ! enfin ! tout était accompli. Il ne me restait plus qu'à me remettre au travail, plus vivement encore que d'habitude, pour chasser peu à peu ce 130 petit cadavre qui hantait les replis de mon cerveau, et dont le fantôme me fatiguait de ses grands yeux fixes. Mais le lendemain je reçus un paquet de lettres : les unes, des locataires de ma maison, quelques autres des maisons voisines; l'une, du 135 premier étage; l'autre, du second; l'autre, du troisième, et ainsi de suite, les unes en style demi-plaisant, comme cherchant à déguiser sous un apparent badinage la sincérité de la demande; les autres, lourdement effrontées et sans ortho-140 graphe, mais toutes tendant au même but, c'est-à-dire à obtenir de moi un morceau de la funeste et béatifique corde. Parmi les signataires il y avait, je dois le dire, plus de femmes que d'hommes; mais tous, croyez-le bien, n'appartenaient pas à 145 la classe infime et vulgaire. J'ai gardé ces lettres.

« Et alors, soudainement, une lueur se fit dans mon cerveau, et je compris pourquoi la mère tenait tant à m'arracher la ficelle et par quel commerce elle entendait se consoler. »

XXXI

LES VOCATIONS

Dans un beau jardin où les rayons d'un soleil automnal semblaient s'attarder à plaisir, sous un ciel déjà verdâtre où des nuages d'or flottaient comme des continents en voyage, quatre beaux
⁵ enfants, quatre garçons, las de jouer sans doute, causaient entre eux.

L'un disait : « Hier on m'a mené au théâtre. Dans des palais grands et tristes, au fond desquels on voit la mer et le ciel, des hommes et des femmes,
¹⁰ sérieux et tristes aussi, mais bien plus beaux et bien mieux habillés que ceux que nous voyons partout, parlent avec une voix chantante. Ils se menacent, ils supplient, ils se désolent, et ils appuient souvent leur main sur un poignard enfoncé
¹⁵ dans leur ceinture. Ah! c'est bien beau! Les femmes sont bien plus belles et bien plus grandes que celles qui viennent nous voir à la maison, et, quoique avec leurs grands yeux creux et leurs joues enflammées elles aient l'air terrible, on ne peut
²⁰ pas s'empêcher de les aimer. On a peur, on a envie de pleurer, et cependant l'on est content... Et puis, ce qui est plus singulier, cela donne envie d'être habillé de même, de dire et de faire les

mêmes choses, et de parler avec la même voix... »
²⁵ L'un des quatre enfants, qui depuis quelques
secondes n'écoutait plus le discours de son cama-
rade et observait avec une fixité étonnante je ne
sais quel point du ciel, dit tout à coup : « Regardez,
regardez là-bas...! *Le* voyez-vous? Il est assis sur
³⁰ ce petit nuage isolé, ce petit nuage couleur de feu,
qui marche doucement. *Lui* aussi, on dirait qu'*il*
nous regarde. »

« Mais qui donc? » demandèrent les autres.

« Dieu! » répondit-il avec un accent parfait de
³⁵ conviction. « Ah! il est déjà bien loin; tout à l'heure
vous ne pourrez plus le voir. Sans doute, il voyage,
pour visiter tous les pays. Tenez, il va passer derrière
cette rangée d'arbres qui est presque à l'horizon... et
maintenant il descend derrière le clocher... Ah! on
⁴⁰ ne le voit plus! » Et l'enfant resta longtemps tourné
du même côté, fixant sur la ligne qui sépare la terre
du ciel des yeux où brillait une inexprimable expres-
sion d'extase et de regret.

« Est-il bête, celui-là, avec son bon Dieu, que lui
⁴⁵ seul peut apercevoir! » dit alors le troisième, dont
toute la petite personne était marquée d'une viva-
cité et d'une vitalité singulières. « Moi, je vais
vous raconter comment il m'est arrivé quelque
chose qui ne vous est jamais arrivé, et qui est un
⁵⁰ peu plus intéressant que votre théâtre et vos nua-
ges. — Il y a quelques jours, mes parents m'ont
emmené en voyage avec eux, et, comme dans
l'auberge où nous nous sommes arrêtés, il n'y
avait pas assez de lits pour nous tous, il a été
⁵⁵ décidé que je dormirais dans le même lit que ma
bonne. » — Il attira ses camarades plus près de lui,
et parla d'une voix plus basse. — « Ça fait un singu-
lier effet, allez, de n'être pas couché seul et d'être

dans un lit avec sa bonne, dans les ténèbres. Comme
⁶⁰ je ne dormais pas, je me suis amusé pendant qu'elle
dormait, à passer ma main sur ses bras, sur son cou
et sur ses épaules. Elle a les bras et le cou bien plus
gros que toutes les autres femmes, et la peau en est
si douce, si douce qu'on dirait du papier à lettre ou
⁶⁵ du papier de soie. J'y avais tant de plaisir que j'au-
rais longtemps continué, si je n'avais pas eu peur,
peur de la réveiller d'abord, et puis encore peur
de je ne sais quoi. Ensuite j'ai fourré ma tête
dans ses cheveux qui pendaient dans son dos,
⁷⁰ épais comme une crinière, et ils sentaient aussi bon,
je vous assure, que les fleurs du jardin, à cette
heure-ci. Essayez, quand vous pourrez, d'en faire
autant que moi, et vous verrez ! »

Le jeune auteur de cette prodigieuse révélation
⁷⁵ avait, en faisant son récit, les yeux écarquillés par
une sorte de stupéfaction de ce qu'il éprouvait
encore, et les rayons du soleil couchant, en glissant
à travers les boucles rousses de sa chevelure ébou-
riffée, y allumaient comme une auréole sulfureuse
⁸⁰ de passion. Il était facile de deviner que celui-là
ne perdrait pas sa vie à chercher la Divinité dans
les nuées, et qu'il la trouverait fréquemment ailleurs.

Enfin le quatrième dit : « Vous savez que je ne
m'amuse guère à la maison; on ne me mène jamais
⁸⁵ au spectacle; mon tuteur est trop avare; Dieu ne
s'occupe pas de moi et de mon ennui, et je n'ai pas
une belle bonne pour me dorloter. Il m'a souvent
semblé que mon plaisir serait d'aller toujours
droit devant moi, sans savoir où, sans que personne
⁹⁰ s'en inquiète, et de voir toujours des pays nouveaux.
Je ne suis jamais bien nulle part, et je crois tou-
jours que je serais mieux ailleurs que là où je suis.
Eh bien! j'ai vu, à la dernière foire du village voisin,

trois hommes qui vivent comme je voudrais vivre.
95 Vous n'y avez pas fait attention, vous autres.
Ils étaient grands, presque noirs et très-fiers,
quoique en guenilles, avec l'air de n'avoir besoin
de personne. Leurs grands yeux sombres sont
devenus tout à fait brillants pendant qu'ils faisaient
100 de la musique; une musique si surprenante qu'elle
donne envie tantôt de danser, tantôt de pleurer,
ou de faire les deux à la fois, et qu'on deviendrait
comme fou si on les écoutait trop longtemps. L'un,
en traînant son archet sur son violon, semblait
105 raconter un chagrin, et l'autre, en faisant sautiller
son petit marteau sur les cordes d'un petit piano
suspendu à son cou par une courroie, avait l'air
de se moquer de la plainte de son voisin, tandis
que le troisième choquait, de temps à autre, ses
110 cymbales avec une violence extraordinaire. Ils
étaient si contents d'eux-mêmes, qu'ils ont continué
à jouer leur musique de sauvages, même après que
la foule s'est dispersée. Enfin ils ont ramassé leurs
sous, ont chargé leur bagage sur leur dos, et sont
115 partis. Moi, voulant savoir où ils demeuraient, je
les ai suivis de loin, jusqu'au bord de la forêt,
où j'ai compris seulement alors, qu'ils ne demeu-
raient nulle part.

Alors l'un a dit : « Faut-il déployer la tente? »
120 « Ma foi! non! » a répondu l'autre, « il fait une si
belle nuit! »

Le troisième disait en comptant la recette : « Ces
gens-là ne sentent pas la musique, et leurs femmes
dansent comme des ours. Heureusement, avant un
125 mois nous serons en Autriche, où nous trouverons
un peuple plus aimable. »

« Nous ferions peut-être mieux d'aller vers l'Espa-
gne, car voici la saison qui s'avance; fuyons avant

les pluies et ne mouillons que notre gosier », a dit
130 un des deux autres.

« J'ai tout retenu, comme vous voyez. Ensuite ils
ont bu chacun une tasse d'eau-de-vie et se sont
endormis, le front tourné vers les étoiles. J'avais
eu d'abord envie de les prier de m'emmener avec
135 eux et de m'apprendre à jouer de leurs instruments;
mais je n'ai pas osé, sans doute parce qu'il est
toujours très-difficile de se décider à n'importe
quoi, et aussi parce que j'avais peur d'être rattrapé
avant d'être hors de France. »

140   L'air peu intéressé des trois autres camarades me
donna à penser que ce petit était déjà un *incom-
pris*. Je le regardais attentivement; il y avait dans
son œil et dans son front ce je ne sais quoi de préco-
cement fatal qui éloigne généralement la sympathie,
145 et qui, je ne sais pourquoi, excitait la mienne, au
point que j'eus un instant l'idée bizarre que je
pouvais avoir un frère à moi-même inconnu.

Le soleil était couché. La nuit solennelle avait
pris place. Les enfants se séparèrent, chacun allant,
150 à son insu, selon les circonstances et les hasards,
mûrir sa destinée, scandaliser ses proches et gravi-
ter vers la gloire ou vers le déshonneur.

XXXII

LE THYRSE

A Franz Liszt

Qu'est-ce qu'un thyrse? Selon le sens moral et poétique, c'est un emblème sacerdotal dans la main des prêtres ou prêtresses célébrant la divinité dont ils sont les interprètes et les serviteurs. Mais physi-
⁵ quement ce n'est qu'un bâton, un pur bâton, perche à houblon, tuteur de vigne, sec, dur et droit. Autour de ce bâton, dans des méandres capricieux, se jouent et folâtrent des tiges et des fleurs, celles-ci sinueuses et fuyardes, celles-là penchées comme
¹⁰ des cloches ou des coupes renversées. Et une gloire étonnante jaillit de cette complexité de lignes et de couleurs, tendres ou éclatantes. Ne dirait-on pas que la ligne courbe et la spirale font leur cour à la ligne droite et dansent autour dans une muette
¹⁵ adoration? Ne dirait-on pas que toutes ces corolles délicates, tous ces calices, explosions de senteurs et de couleurs, exécutent un mystique fandango autour du bâton hiératique? Et quel est, cependant, le mortel imprudent qui osera décider si les fleurs
²⁰ et les pampres ont été faits pour le bâton, ou si le

bâton n'est que le prétexte pour montrer la beauté
des pampres et des fleurs? Le thyrse est la représen-
tation de votre étonnante dualité, maître puissant
et vénéré, cher Bacchant de la Beauté mystérieuse
²⁵ et passionnée. Jamais nymphe exaspérée par l'in-
vincible Bacchus ne secoua son thyrse sur les têtes
de ses compagnes affolées avec autant d'énergie
et de caprice que vous agitez votre génie sur les
cœurs de vos frères. — Le bâton, c'est votre volonté,
³⁰ droite, ferme et inébranlable; les fleurs, c'est la
promenade de votre fantaisie autour de votre
volonté; c'est l'élément féminin exécutant autour du
mâle ses prestigieuses pirouettes. Ligne droite et
ligne arabesque, intention et expression, roideur de
³⁵ la volonté, sinuosité du verbe, unité du but, variété
des moyens, amalgame tout-puissant et indivisible
du génie, quel analyste aura le détestable courage
de vous diviser et de vous séparer?

    Cher Liszt, à travers les brumes, par delà les
⁴⁰ fleuves, par-dessus les villes où les pianos chantent
votre gloire, où l'imprimerie traduit votre sagesse,
en quelque lieu que vous soyez, dans les splendeurs
de la ville éternelle ou dans les brumes des pays
rêveurs que console Cambrinus, improvisant des
⁴⁵ chants de délectation ou d'ineffable douleur, ou
confiant au papier vos méditations abstruses,
chantre de la Volupté et de l'Angoisse éternelles,
philosophe, poëte et artiste, je vous salue en l'im-
mortalité!

ENIVREZ-VOUS

Il faut être toujours ivre. Tout est là : c'est l'uni-
que question. Pour ne pas sentir l'horrible fardeau
du Temps qui brise vos épaules et vous penche vers
la terre, il faut vous enivrer sans trêve.
5 Mais de quoi? De vin, de poésie ou de vertu, à
votre guise. Mais enivrez-vous.
Et si quelquefois, sur les marches d'un palais,
sur l'herbe verte d'un fossé, dans la solitude morne
de votre chambre, vous vous réveillez, l'ivresse
10 déjà diminuée ou disparue, demandez au vent,
à la vague, à l'étoile, à l'oiseau, à l'horloge, à tout
ce qui fuit, à tout ce qui gémit, à tout ce qui roule,
à tout ce qui chante, à tout ce qui parle, demandez
quelle heure il est; et le vent, la vague, l'étoile,
15 l'oiseau, l'horloge, vous répondront : « Il est l'heure
de s'enivrer! Pour n'être pas les esclaves marty-
risés du Temps, enivrez-vous; enivrez-vous sans
cesse! De vin, de poésie ou de vertu, à votre guise. »

DÉJÀ!

Cent fois déjà le soleil avait jailli, radieux ou attristé, de cette cuve immense de la mer dont les bords ne se laissent qu'à peine apercevoir; cent fois il s'était replongé, étincelant ou morose, dans son
⁵ immense bain du soir. Depuis nombre de jours, nous pouvions contempler l'autre côté du firmament et déchiffrer l'alphabet céleste des antipodes. Et chacun des passagers gémissait et grognait. On eût dit que l'approche de la terre exaspérait leur
¹⁰ souffrance. « Quand donc », disaient-ils, « cesserons-nous de dormir un sommeil secoué par la lame, troublé par un vent qui ronfle plus haut que nous? Quand pourrons-nous manger de la viande qui ne soit pas salée comme l'élément infâme qui nous
¹⁵ porte? Quand pourrons-nous digérer dans un fauteuil immobile? »

Il y en avait qui pensaient à leur foyer, qui regrettaient leurs femmes infidèles et maussades, et leur progéniture criarde. Tous étaient si affolés
²⁰ par l'image de la terre absente, qu'ils auraient, je crois, mangé de l'herbe avec plus d'enthousiasme que les bêtes.

Enfin un rivage fut signalé; et nous vîmes, en

approchant, que c'était une terre magnifique,
25 éblouissante. Il semblait que les musiques de la vie
s'en détachaient en un vague murmure, et que de
ces côtes, riches en verdures de toute sorte, s'exha-
lait, jusqu'à plusieurs lieues, une délicieuse odeur
de fleurs et de fruits.

30   Aussitôt chacun fut joyeux, chacun abdiqua sa
mauvaise humeur. Toutes les querelles furent
oubliées, tous les torts réciproques pardonnés;
les duels convenus furent rayés de la mémoire,
et les rancunes s'envolèrent comme des fumées.

35   Moi seul j'étais triste, inconcevablement triste.
Semblable à un prêtre à qui on arracherait sa divi-
nité, je ne pouvais, sans une navrante amertume, me
détacher de cette mer si monstrueusement sédui-
sante, de cette mer si infiniment variée dans son
40 effrayante simplicité, et qui semble contenir en elle
et représenter par ses jeux, ses allures, ses colères
et ses sourires, les humeurs, les agonies et les extases
de toutes les âmes qui ont vécu, qui vivent et qui
vivront !

45   En disant adieu à cette incomparable beauté,
je me sentais abattu jusqu'à la mort; et c'est
pourquoi, quand chacun de mes compagnons dit :
« Enfin ! » je ne pus crier que : « *Déjà !* »

    Cependant c'était la terre, la terre avec ses
50 bruits, ses passions, ses commodités, ses fêtes;
c'était une terre riche et magnifique, pleine de
promesses, qui nous envoyait un mystérieux
parfum de rose et de musc, et d'où les musiques
de la vie nous arrivaient en un amoureux murmure.

LES FENÊTRES

Celui qui regarde du dehors à travers une fenêtre ouverte, ne voit jamais autant de choses que celui qui regarde une fenêtre fermée. Il n'est pas d'objet plus profond, plus mystérieux, plus fécond, plus 5 ténébreux, plus éblouissant qu'une fenêtre éclairée d'une chandelle. Ce qu'on peut voir au soleil est toujours moins intéressant que ce qui se passe derrière une vitre. Dans ce trou noir ou lumineux vit la vie, rêve la vie, souffre la vie.

10 Par delà des vagues de toits, j'aperçois une femme mûre, ridée déjà, pauvre, toujours penchée sur quelque chose, et qui ne sort jamais. Avec son visage, avec son vêtement, avec son geste, avec presque rien, j'ai refait l'histoire de cette femme, 15 ou plutôt sa légende, et quelquefois je me la raconte à moi-même en pleurant.

Si c'eût été un pauvre vieux homme, j'aurais refait la sienne tout aussi aisément.

Et je me couche, fier d'avoir vécu et souffert 20 dans d'autres que moi-même.

Peut-être me direz-vous : « Es-tu sûr que cette légende soit la vraie ? » Qu'importe ce que peut être la réalité placée hors de moi, si elle m'a aidé à vivre, à sentir que je suis et ce que je suis ?

LE DÉSIR DE PEINDRE

Malheureux peut-être l'homme, mais heureux l'artiste que le désir déchire!

Je brûle de peindre celle qui m'est apparue si rarement et qui a fui si vite, comme une belle chose regrettable derrière le voyageur emporté dans la nuit. Comme il y a longtemps déjà qu'elle a disparu!

Elle est belle, et plus que belle; elle est surprenante. En elle le noir abonde : et tout ce qu'elle inspire est nocturne et profond. Ses yeux sont deux antres où scintille vaguement le mystère, et son regard illumine comme l'éclair : c'est une explosion dans les ténèbres.

Je la comparerais à un soleil noir, si l'on pouvait concevoir un astre noir versant la lumière et le bonheur. Mais elle fait plus volontiers penser à la lune, qui sans doute l'a marquée de sa redoutable influence; non pas la lune blanche des idylles, qui ressemble à une froide mariée, mais la lune sinistre et enivrante, suspendue au fond d'une nuit orageuse et bousculée par les nuées qui courent; non pas la lune paisible et discrète visitant le sommeil des hommes purs, mais la lune arrachée du ciel, vaincue et révoltée, que les Sorcières thessaliennes

contraignent durement à danser sur l'herbe
²⁵ terrifiée !

Dans son petit front habitent la volonté tenace et
l'amour de la proie. Cependant, au bas de ce visage
inquiétant, où des narines mobiles aspirent l'inconnu
et l'impossible, éclate, avec une grâce inexprimable,
³⁰ le rire d'une grande bouche, rouge et blanche, et
délicieuse, qui fait rêver au miracle d'une superbe
fleur éclose dans un terrain volcanique.

Il y a des femmes qui inspirent l'envie de les
vaincre et de jouir d'elles; mais celle-ci donne le
³⁵ désir de mourir lentement sous son regard.

XXXVII

LES BIENFAITS DE LA LUNE

La Lune, qui est le caprice même, regarda par la fenêtre pendant que tu dormais dans ton berceau, et se dit : « Cette enfant me plaît. »

Et elle descendit moelleusement son escalier de
5 nuages et passa sans bruit à travers les vitres. Puis elle s'étendit sur toi avec la tendresse souple d'une mère, et elle déposa ses couleurs sur ta face. Tes prunelles en sont restées vertes, et tes joues extraordinairement pâles. C'est en contemplant cette
10 visiteuse que tes yeux se sont si bizarrement agrandis; et elle t'a si tendrement serrée à la gorge que tu en as gardé pour toujours l'envie de pleurer.

Cependant, dans l'expansion de sa joie, la Lune remplissait toute la chambre comme une atmos-
15 phère phosphorique, comme un poison lumineux; et toute cette lumière vivante pensait et disait : « Tu subiras éternellement l'influence de mon baiser. Tu seras belle à ma manière. Tu aimeras ce que j'aime et ce qui m'aime : l'eau, les nuages,
20 le silence et la nuit; la mer immense et verte; l'eau informe et multiforme; le lieu où tu ne seras pas; l'amant que tu ne connaîtras pas; les fleurs monstrueuses; les parfums qui font délirer; les

chats qui se pâment sur les pianos, et qui gémissent
²⁵ comme les femmes, d'une voix rauque et douce!

« Et tu seras aimée de mes amants, courtisée
par mes courtisans. Tu seras la reine des hommes
aux yeux verts dont j'ai serré aussi la gorge dans
mes caresses nocturnes; de ceux-là qui aiment la
³⁰ mer, la mer immense, tumultueuse et verte, l'eau
informe et multiforme, le lieu où ils ne sont pas,
la femme qu'ils ne connaissent pas, les fleurs
sinistres qui ressemblent aux encensoirs d'une
religion inconnue, les parfums qui troublent la
³⁵ volonté, et les animaux sauvages et voluptueux
qui sont les emblèmes de leur folie. »

Et c'est pour cela, maudite chère enfant gâtée,
que je suis maintenant couché à tes pieds, cherchant
dans toute ta personne le reflet de la redoutable
⁴⁰ Divinité, de la fatidique marraine, de la nourrice
empoisonneuse de tous les *lunatiques*.

XXXVIII

LAQUELLE EST LA VRAIE?

J'ai connu une certaine Bénédicta, qui remplis-
sait l'atmosphère d'idéal, et dont les yeux répan-
daient le désir de la grandeur, de la beauté, de la
gloire et de tout ce qui fait croire à l'immortalité.
5 Mais cette fille miraculeuse était trop belle pour
vivre longtemps; aussi est-elle morte quelques
jours après que j'eus fait sa connaissance, et c'est
moi-même qui l'ai enterrée, un jour que le printemps
agitait son encensoir jusque dans les cimetières.
10 C'est moi qui l'ai enterrée, bien close dans une bière
d'un bois parfumé et incorruptible comme les
coffres de l'Inde.

Et comme mes yeux restaient fichés sur le lieu où
était enfoui mon trésor, je vis subitement une
15 petite personne qui ressemblait singulièrement à
la défunte, et qui, piétinant sur la terre fraîche
avec une violence hystérique et bizarre, disait en
éclatant de rire : « C'est moi, la vraie Bénédicta!
C'est moi, une fameuse canaille! Et pour la punition
20 de ta folie et de ton aveuglement, tu m'aimeras
telle que je suis! »

Mais moi, furieux, j'ai répondu : « Non! non!
non! » Et pour mieux accentuer mon refus, j'ai

frappé si violemment la terre du pied que ma
²⁵ jambe s'est enfoncée jusqu'au genou dans la sépul-
ture récente, et que, comme un loup pris au piége,
je reste attaché, pour toujours peut-être, à la fosse
de l'idéal.

XXXIX

UN CHEVAL DE RACE

Elle est bien laide. Elle est délicieuse pourtant!
Le Temps et l'Amour l'ont marquée de leurs
griffes et lui ont cruellement enseigné ce que
chaque minute et chaque baiser emportent de
⁵ jeunesse et de fraîcheur.

Elle est vraiment laide; elle est fourmi, araignée,
si vous voulez, squelette même; mais aussi elle est
breuvage, magistère, sorcellerie! en somme, elle est
exquise.

¹⁰ Le Temps n'a pu rompre l'harmonie petillante de
sa démarche ni l'élégance indestructible de son
armature. L'Amour n'a pas altéré la suavité de son
haleine d'enfant; et le Temps n'a rien arraché de
son abondante crinière d'où s'exhale en fauves par-
¹⁵ fums toute la vitalité endiablée du Midi français :
Nîmes, Aix, Arles, Avignon, Narbonne, Toulouse,
villes bénies du soleil, amoureuses et charmantes!

Le Temps et l'Amour l'ont vainement mordue à
belles dents; ils n'ont rien diminué du charme
²⁰ vague, mais éternel, de sa poitrine garçonnière.

Usée peut-être, mais non fatiguée, et toujours
héroïque, elle fait penser à ces chevaux de grande
race que l'œil du véritable amateur reconnaît,

même attelés à un carrosse de louage ou à un lourd
²⁵ chariot.

Et puis elle est si douce et si fervente ! Elle aime
comme on aime en automne; on dirait que les
approches de l'hiver allument dans son cœur un
feu nouveau, et la servilité de sa tendresse n'a jamais
³⁰ rien de fatigant.

LE MIROIR

Un homme épouvantable entre et se regarde
dans la glace.

« — Pourquoi vous regardez-vous au miroir,
puisque vous ne pouvez vous y voir qu'avec déplai-
sir ? »

L'homme épouvantable me répond : « — Mon-
sieur, d'après les immortels principes de 89, tous les
hommes sont égaux en droits; donc je possède
le droit de me mirer; avec plaisir ou déplaisir, cela
ne regarde que ma conscience. »

Au nom du bon sens, j'avais sans doute raison;
mais, au point de vue de la loi, il n'avait pas tort.

LE PORT

Un port est un séjour charmant pour une âme
fatiguée des luttes de la vie. L'ampleur du ciel,
l'architecture mobile des nuages, les colorations
changeantes de la mer, le scintillement des phares,
⁵ sont un prisme merveilleusement propre à amuser
les yeux sans jamais les lasser. Les formes élancées
des navires, au gréement compliqué, auxquels la
houle imprime des oscillations harmonieuses, ser-
vent à entretenir dans l'âme le goût du rhythme et
¹⁰ de la beauté. Et puis, surtout, il y a une sorte
de plaisir mystérieux et aristocratique pour celui
qui n'a plus ni curiosité ni ambition, à contempler,
couché dans le belvédère ou accoudé sur le môle,
tous ces mouvements de ceux qui partent et de ceux
¹⁵ qui reviennent, de ceux qui ont encore la force de
vouloir, le désir de voyager ou de s'enrichir.

PORTRAITS DE MAÎTRESSES

Dans un boudoir d'hommes, c'est-à-dire dans un fumoir attenant à un élégant tripot, quatre hommes fumaient et buvaient. Ils n'étaient précisément ni jeunes ni vieux, ni beaux ni laids; mais vieux ou
5 jeunes, ils portaient cette distinction non méconnaissable des vétérans de la joie, cet indescriptible je ne sais quoi, cette tristesse froide et railleuse qui dit clairement : « Nous avons fortement vécu, et nous cherchons ce que nous pourrions aimer et
10 estimer. »

L'un d'eux jeta la causerie sur le sujet des femmes. Il eût été plus philosophique de n'en pas parler du tout; mais il y a des gens d'esprit qui, après boire, ne méprisent pas les conversations
15 banales. On écoute alors celui qui parle, comme on écouterait de la musique de danse.

« Tous les hommes, disait celui-ci, ont eu l'âge de Chérubin : c'est l'époque où, faute de dryades, on embrasse, sans dégoût, le tronc des chênes. C'est le
20 premier degré de l'amour. Au second degré, on commence à choisir. Pouvoir délibérer, c'est déjà une décadence. C'est alors qu'on recherche décidément la beauté. Pour moi, messieurs, je me fais

gloire d'être arrivé, depuis longtemps, à l'époque
²⁵ climatérique du troisième degré où la beauté elle-
même ne suffit plus, si elle n'est assaisonnée par le
parfum, la parure, et cætera. J'avouerai même que
j'aspire quelquefois, comme à un bonheur inconnu,
à un certain quatrième degré qui doit marquer le
³⁰ calme absolu. Mais, durant toute ma vie, excepté
à l'âge de Chérubin, j'ai été plus sensible que tout
autre à l'énervante sottise, à l'irritante médiocrité
des femmes. Ce que j'aime surtout dans les ani-
maux, c'est leur candeur. Jugez donc combien j'ai
³⁵ dû souffrir par ma dernière maîtresse.

« C'était la bâtarde d'un prince. Belle, cela va
sans dire; sans cela, pourquoi l'aurais-je prise?
Mais elle gâtait cette grande qualité par une ambi-
tion malséante et difforme. C'était une femme qui
⁴⁰ voulait toujours faire l'homme. « Vous n'êtes pas
« un homme! Ah! si j'étais un homme! De nous
« deux, c'est moi qui suis l'homme! » Tels étaient
les insupportables refrains qui sortaient de cette
bouche d'où je n'aurais voulu voir s'envoler que
⁴⁵ des chansons. A propos d'un livre, d'un poëme,
d'un opéra pour lequel je laissais échapper mon
admiration : « Vous croyez peut-être que cela est
« très-fort? disait-elle aussitôt; est-ce que vous
« vous connaissez en force? » et elle argumentait.
⁵⁰ « Un beau jour elle s'est mise à la chimie; de sorte
qu'entre ma bouche et la sienne je trouvai désormais
un masque de verre. Avec tout cela, fort bégueule.
Si parfois je la bousculais par un geste un peu trop
amoureux, elle se convulsait comme une sensitive
⁵⁵ violée...

— Comment cela a-t-il fini? dit l'un des trois
autres. Je ne vous savais pas si patient.

— Dieu, reprit-il, mit le remède dans le mal. Un

jour je trouvai cette Minerve, affamée de force
⁶⁰ idéale, en tête-à-tête avec mon domestique, et dans
une situation qui m'obligea à me retirer discrè-
tement pour ne pas les faire rougir. Le soir je
les congédiai tous les deux, en leur payant les
arrérages de leurs gages.
⁶⁵   — Pour moi, reprit l'interrupteur, je n'ai à me
plaindre que de moi-même. Le bonheur est venu
habiter chez moi, et je ne l'ai pas reconnu. La des-
tinée m'avait, en ces derniers temps, octroyé la
jouissance d'une femme qui était bien la plus douce,
⁷⁰ la plus soumise et la plus dévouée des créatures, et
toujours prête! et sans enthousiasme! « Je le veux
« bien, puisque cela vous est agréable. » C'était sa
réponse ordinaire. Vous donneriez la bastonnade à
ce mur ou à ce canapé, que vous en tireriez plus de
⁷⁵ soupirs que n'en tiraient du sein de ma maîtresse
les élans de l'amour le plus forcené. Après un an de
vie commune, elle m'avoua qu'elle n'avait jamais
connu le plaisir. Je me dégoûtai de ce duel inégal,
et cette fille incomparable se maria. J'eus plus tard
⁸⁰ la fantaisie de la revoir, et elle me dit, en me mon-
trant six beaux enfants : « Eh bien! mon cher ami,
« l'épouse est encore aussi *vierge* que l'était votre
« maîtresse. » Rien n'était changé dans cette per-
sonne. Quelquefois je la regrette : j'aurais dû
⁸⁵ l'épouser. »
     Les autres se mirent à rire, et un troisième dit
à son tour :
     « Messieurs, j'ai connu des jouissances que vous
avez peut-être négligées. Je veux parler du comique
⁹⁰ dans l'amour, et d'un comique qui n'exclut pas
l'admiration. J'ai plus admiré ma dernière maî-
tresse que vous n'avez pu, je crois, haïr ou aimer
les vôtres. Et tout le monde l'admirait autant que

moi. Quand nous entrions dans un restaurant,
⁹⁵ au bout de quelques minutes, chacun oubliait
de manger pour la contempler. Les garçons eux-
mêmes et la dame du comptoir ressentaient cette
extase contagieuse jusqu'à oublier leurs devoirs.
Bref, j'ai vécu quelque temps en tête-à-tête avec un
¹⁰⁰ *phénomène* vivant. Elle mangeait, mâchait, broyait,
dévorait, engloutissait, mais avec l'air le plus
léger et le plus insouciant du monde. Elle m'a
tenu ainsi longtemps en extase. Elle avait une
manière douce, rêveuse, anglaise et romanesque
¹⁰⁵ de dire : « J'ai faim ! » Et elle répétait ces mots jour
et nuit en montrant les plus jolies dents du monde,
qui vous eussent attendris et égayés à la fois. —
J'aurais pu faire ma fortune en la montrant dans les
foires comme *monstre polyphage*. Je la nourrissais
¹¹⁰ bien ; et cependant elle m'a quitté... — Pour un
fournisseur aux vivres, sans doute ? — Quelque
chose d'approchant, une espèce d'employé dans
l'intendance qui, par quelque tour de bâton à lui
connu, fournit peut-être à cette pauvre enfant la
¹¹⁵ ration de plusieurs soldats. C'est du moins ce que
j'ai supposé.

— Moi, dit le quatrième, j'ai enduré des souf-
frances atroces par le contraire de ce qu'on reproche
en général à l'égoïste femelle. Je vous trouve mal
¹²⁰ venus, trop fortunés mortels, à vous plaindre des
imperfections de vos maîtresses ! »

Cela fut dit d'un ton fort sérieux, par un homme
d'un aspect doux et posé, d'une physionomie
presque cléricale, malheureusement illuminée par
¹²⁵ des yeux d'un gris clair, de ces yeux dont le regard
dit : « Je veux ! » ou : « Il faut ! » ou bien : « Je ne
pardonne jamais ! »

« Si, nerveux comme je vous connais, vous, G...,

lâches et légers comme vous êtes, vous deux, K... et
¹³⁰ J..., vous aviez été accouplés à une certaine femme
de ma connaissance, ou vous vous seriez enfuis,
ou vous seriez morts. Moi, j'ai survécu, comme vous
voyez. Figurez-vous une personne incapable de
commettre une erreur de sentiment ou de calcul;
¹³⁵ figurez-vous une sérénité désolante de caractère;
un dévouement sans comédie et sans emphase;
une douceur sans faiblesse; une énergie sans vio-
lence. L'histoire de mon amour ressemble à un
interminable voyage sur une surface pure et polie
¹⁴⁰ comme un miroir, vertigineusement monotone,
qui aurait réfléchi tous mes sentiments et mes
gestes avec l'exactitude ironique de ma propre
conscience, de sorte que je ne pouvais pas me
permettre un geste ou un sentiment déraisonnable
¹⁴⁵ sans apercevoir immédiatement le reproche muet
de mon inséparable spectre. L'amour m'apparais-
sait comme une tutelle. Que de sottises elle m'a
empêché de faire, que je regrette de n'avoir pas
commises! Que de dettes payées malgré moi!
¹⁵⁰ Elle me privait de tous les bénéfices que j'aurais
pu tirer de ma folie personnelle. Avec une froide
et infranchissable règle, elle barrait tous mes
caprices. Pour comble d'horreur, elle n'exigeait
pas de reconnaissance, le danger passé. Combien
¹⁵⁵ de fois ne me suis-je pas retenu de lui sauter à la
gorge, en lui criant : « Sois donc imparfaite, misé-
rable! afin que je puisse t'aimer sans malaise et
sans colère! » Pendant plusieurs années, je l'ai
admirée, le cœur plein de haine. Enfin, ce n'est pas
¹⁶⁰ moi qui en suis mort!

    — Ah! firent les autres, elle est donc morte?

    — Oui! cela ne pouvait continuer ainsi. L'amour
était devenu pour moi un cauchemar accablant.

Vaincre ou mourir, comme dit. la Politique, telle
165 était l'alternative que m'imposait la destinée! Un
soir, dans un bois... au bord d'une mare..., après une
mélancolique promenade où ses yeux, à elle, réflé-
chissaient la douceur du ciel, et où mon cœur,
à moi, était crispé comme l'enfer...
170 — Quoi!
— Comment!
— Que voulez-vous dire?
— C'était inévitable. J'ai trop le sentiment de
l'équité pour battre, outrager ou congédier un servi-
175 teur irréprochable. Mais il fallait accorder ce senti-
ment avec l'horreur que cet être m'inspirait; me
débarrasser de cet être sans lui manquer de respect.
Que vouliez-vous que je fisse d'elle, *puisqu'elle était
parfaite?* »
180 Les trois autres compagnons regardèrent celui-ci
avec un regard vague et légèrement hébété, comme
feignant de ne pas comprendre et comme avouant
implicitement qu'ils ne se sentaient pas, quant à
eux, capables d'une action aussi rigoureuse, quoique
185 suffisamment expliquée d'ailleurs.

Ensuite on fit apporter de nouvelles bouteilles,
pour tuer le Temps qui a la vie si dure, et accélérer
la Vie qui coule si lentement.

XLIII

LE GALANT TIREUR

Comme la voiture traversait le bois, il la fit
arrêter dans le voisinage d'un tir, disant qu'il lui
serait agréable de tirer quelques balles pour *tuer*
le Temps. Tuer ce monstre-là, n'est-ce pas l'occu-
pation la plus ordinaire et la plus légitime de chacun?
— Et il offrit galamment la main à sa chère, déli-
cieuse et exécrable femme, à cette mystérieuse femme
à laquelle il doit tant de plaisirs, tant de douleurs,
et peut-être aussi une grande partie de son génie.
Plusieurs balles frappèrent loin du but proposé;
l'une d'elles s'enfonça même dans le plafond; et
comme la charmante créature riait follement, se
moquant de la maladresse de son époux, celui-ci se
tourna brusquement vers elle, et lui dit : « Observez
cette poupée, là-bas, à droite, qui porte le nez en
l'air et qui a la mine si hautaine. Eh bien! cher ange,
je me figure que c'est vous. » Et il ferma les yeux et il
lâcha la détente. La poupée fut nettement décapitée.
Alors s'inclinant vers sa chère, sa délicieuse, son
exécrable femme, son inévitable et impitoyable
Muse, et lui baisant respectueusement la main, il
ajouta : « Ah! mon cher ange, combien je vous
remercie de mon adresse! »

LA SOUPE ET LES NUAGES

Ma petite folle bien-aimée me donnait à dîner,
et par la fenêtre ouverte de la salle à manger je
contemplais les mouvantes architectures que Dieu
fait avec les vapeurs, les merveilleuses constructions
⁵ de l'impalpable. Et je me disais, à travers ma con-
templation : « — Toutes ces fantasmagories sont
presque aussi belles que les yeux de ma belle bien-
aimée, la petite folle monstrueuse aux yeux verts. »

Et tout à coup je reçus un violent coup de poing
¹⁰ dans le dos, et j'entendis une voix rauque et char-
mante, une voix hystérique et comme enrouée par
l'eau-de-vie, la voix de ma chère petite bien-aimée,
qui disait : « — Allez-vous bientôt manger votre
soupe, s... b... de marchand de nuages? »

LE TIR ET LE CIMETIÈRE

— *A la vue du cimetière, Estaminet.* — « Singu-
lière enseigne, — se dit notre promeneur, — mais
bien faite pour donner soif! A coup sûr, le maître
de ce cabaret sait apprécier Horace et les poëtes
⁵ élèves d'Épicure. Peut-être même connaît-il le
raffinement profond des anciens Égyptiens, pour
qui il n'y avait pas de bon festin sans squelette,
ou sans un emblème quelconque de la brièveté
de la vie ».
¹⁰   Et il entra, but un verre de bière en face des
tombes, et fuma lentement un cigare. Puis, la
fantaisie le prit de descendre dans ce cimetière,
dont l'herbe était si haute et si invitante, et où
régnait un si riche soleil.
¹⁵   En effet, la lumière et la chaleur y faisaient rage,
et l'on eût dit que le soleil ivre se vautrait tout de
son long sur un tapis de fleurs magnifiques engrais-
sées par la destruction. Un immense bruissement
de vie remplissait l'air, — la vie des infiniment
²⁰ petits, — coupé à intervalles réguliers par la crépi-
tation des coups de feu d'un tir voisin, qui éclataient
comme l'explosion des bouchons de champagne dans
le bourdonnement d'une symphonie en sourdine.

Alors, sous le soleil qui lui chauffait le cerveau
²⁵ et dans l'atmosphère des ardents parfums de la
Mort, il entendit une voix chuchoter sous la tombe
où il s'était assis. Et cette voix disait : « Maudites
soient vos cibles et vos carabines, turbulents
vivants, qui vous souciez si peu des défunts et de
³⁰ leur divin repos! Maudites soient vos ambitions,
maudits soient vos calculs, mortels impatients,
qui venez étudier l'art de tuer auprès du sanctuaire
de la Mort! Si vous saviez comme le prix est facile
à gagner, comme le but est facile à toucher, et
³⁵ combien tout est néant, excepté la Mort, vous ne
vous fatigueriez pas tant, laborieux vivants, et
vous troubleriez moins souvent le sommeil de
ceux qui depuis longtemps ont mis dans le But,
dans le seul vrai but de la détestable vie! »

XLVI

PERTE D'AURÉOLE

« Eh! quoi! vous ici, mon cher? Vous, dans un mauvais lieu! vous, le buveur de quintessences! vous, le mangeur d'ambroisie! En vérité, il y a là de quoi me surprendre.

5 — Mon cher, vous connaissez ma terreur des chevaux et des voitures. Tout à l'heure, comme je traversais le boulevard, en grande hâte, et que je sautillais dans la boue, à travers ce chaos mouvant où la mort arrive au galop de tous les côtés à la
10 fois, mon auréole, dans un mouvement brusque, a glissé de ma tête dans la fange du macadam. Je n'ai pas eu le courage de la ramasser. J'ai jugé moins désagréable de perdre mes insignes que de me faire rompre les os. Et puis, me suis-je dit, à quel-
15 que chose malheur est bon. Je puis maintenant me promener incognito, faire des actions basses, et me livrer à la crapule, comme les simples mortels. Et me voici, tout semblable à vous, comme vous voyez!
20 — Vous devriez au moins faire afficher cette auréole, ou la faire réclamer par le commissaire.

— Ma foi! non. Je me trouve bien ici. Vous seul, vous m'avez reconnu. D'ailleurs la dignité m'ennuie.

Ensuite je pense avec joie que quelque mauvais
²⁵ poëte la ramassera et s'en coiffera impudemment.
Faire un heureux, quelle jouissance! et surtout
un heureux qui me fera rire! Pensez à X, ou à Z!
Hein! comme ce sera drôle! »

XLVII

MADEMOISELLE BISTOURI

Comme j'arrivais à l'extrémité du faubourg, sous les éclairs du gaz, je sentis un bras qui se coulait doucement sous le mien, et j'entendis une voix qui me disait à l'oreille : « Vous êtes médecin, ⁵ monsieur? »

Je regardai; c'était une grande fille, robuste, aux yeux très-ouverts, légèrement fardée, les cheveux flottant au vent avec les brides de son bonnet.

« — Non; je ne suis pas médecin. Laissez-moi ¹⁰ passer. — Oh! si! vous êtes médecin. Je le vois bien. Venez chez moi. Vous serez bien content de moi, allez! — Sans doute, j'irai vous voir, mais plus tard, *après le médecin*, que diable!... — Ah! ah! — fit-elle, toujours suspendue à mon bras, et ¹⁵ en éclatant de rire, — vous êtes un médecin farceur, j'en ai connu plusieurs dans ce genre-là. Venez. »

J'aime passionnément le mystère, parce que j'ai toujours l'espoir de le débrouiller. Je me laissai donc ²⁰ entraîner par cette compagne, ou plutôt par cette énigme inespérée.

J'omets la description du taudis; on peut la trouver dans plusieurs vieux poëtes français

bien connus. Seulement, détail non aperçu par
25 Régnier, deux ou trois portraits de docteurs célèbres
étaient suspendus aux murs.

Comme je fus dorloté! Grand feu, vin chaud,
cigares; et en m'offrant ces bonnes choses et en
allumant elle-même un cigare, la bouffonne créa-
30 ture me disait : « Faites comme chez vous, mon
ami, mettez-vous à l'aise. Ça vous rappellera
l'hôpital et le bon temps de la jeunesse. — Ah çà!
où donc avez-vous gagné ces cheveux blancs?
Vous n'étiez pas ainsi, il n'y a pas encore bien
35 longtemps, quand vous étiez interne de L... Je me
souviens que c'était vous qui l'assistiez dans les
opérations graves. En voilà un homme qui aime
couper, tailler et rogner! C'était vous qui lui
tendiez les instruments, les fils et les éponges. —
40 Et comme, l'opération faite, il disait fièrement,
en regardant sa montre: «Cinq minutes, messieurs!»
— Oh! moi, je vais partout. Je connais bien ces
Messieurs. »

Quelques instants plus tard, me tutoyant, elle
45 reprenait son antienne, et me disait : « Tu es
médecin, n'est-ce pas, mon chat? »

Cet inintelligible refrain me fit sauter sur mes
jambes. « Non! criai-je furieux.

— Chirurgien, alors?
50 — Non! non! à moins que ce ne soit pour te
couper la tête! S... s... c... de s... m...!

— Attends, reprit-elle, tu vas voir. »

Et elle tira d'une armoire une liasse de papiers,
qui n'était autre chose que la collection des portraits
55 des médecins illustres de ce temps, lithographiés
par Maurin, qu'on a pu voir étalée pendant plu-
sieurs années sur le quai Voltaire.

« Tiens! le reconnais-tu celui-ci?

— Oui! c'est X. Le nom est au bas d'ailleurs;
60 mais je le connais personnellement.

— Je savais bien! Tiens! voilà Z., celui qui disait
à son cours, en parlant de X. : « Ce monstre qui porte
sur son visage la noirceur de son âme! » Tout cela,
parce que l'autre n'était pas de son avis dans la
65 même affaire! Comme on riait de ça à l'École, dans le
temps! Tu t'en souviens? — Tiens, voilà K., celui
qui dénonçait au gouvernement les insurgés qu'il
soignait à son hôpital. C'était le temps des émeutes.
Comment est-ce possible qu'un si bel homme ait
70 si peu de cœur? — Voici maintenant W., un fameux
médecin anglais; je l'ai attrapé à son voyage à
Paris. Il a l'air d'une demoiselle, n'est-ce pas? »

Et comme je touchais à un paquet ficelé, posé
aussi sur le guéridon : « Attends un peu, dit-elle;
75 — ça, c'est les internes, et ce paquet-ci, c'est les
externes. »

Et elle déploya en éventail une masse d'images
photographiques, représentant des physionomies
beaucoup plus jeunes.
80 « Quand nous nous reverrons, tu me donneras ton
portrait, n'est-ce pas, chéri?

— Mais, lui dis-je, suivant à mon tour, moi aussi,
mon idée fixe, — pourquoi me crois-tu médecin?

— C'est que tu es si gentil et si bon pour les
85 femmes!

— Singulière logique! me dis-je à moi-même.

— Oh! je ne m'y trompe guère; j'en ai connu
un bon nombre. J'aime tant ces messieurs, que,
bien que je ne sois pas malade, je vais quelquefois
90 les voir, rien que pour les voir. Il y en a qui me disent
froidement : « Vous n'êtes pas malade du tout! »
Mais il y en a d'autres qui me comprennent, parce
que je leur fais des mines.

— Et quand ils ne te comprennent pas...?

95 — Dame! comme je les ai dérangés *inutilement*, je laisse dix francs sur la cheminée. — C'est si bon et si doux, ces hommes-là! — J'ai découvert à la Pitié un petit interne, qui est joli comme un ange, et qui est poli! et qui travaille, le pauvre garçon!

100 Ses camarades m'ont dit qu'il n'avait pas le sou, parce que ses parents sont des pauvres qui ne peuvent rien lui envoyer. Cela m'a donné confiance. Après tout, je suis assez belle femme, quoique pas pas trop jeune. Je lui ai dit : « Viens me voir, viens

105 me voir souvent. Et avec moi, ne te gêne pas; je n'ai pas besoin d'argent. » Mais tu comprends que je lui ai fait entendre ça par une foule de façons; je ne le lui ai pas dit tout crûment; j'avais si peur de l'humilier, ce cher enfant! — Eh bien! croirais-tu que j'ai

110 une drôle d'envie que je n'ose pas lui dire? — Je voudrais qu'il vînt me voir avec sa trousse et son tablier, même avec un peu de sang dessus! »

Elle dit cela d'un air fort candide, comme un homme sensible dirait à une comédienne qu'il

115 aimerait : « Je veux vous voir vêtue du costume que vous portiez dans ce fameux rôle que vous avez créé. »

Moi, m'obstinant, je repris : « Peux-tu te souvenir de l'époque et de l'occasion où est née en

120 toi cette passion si particulière? »

Difficilement je me fis comprendre; enfin j'y parvins. Mais alors elle me répondit d'un air très-triste, et même, autant que je peux me souvenir, en détournant les yeux : « Je ne sais pas... je ne me

125 souviens pas. »

Quelles bizarreries ne trouve-t-on pas dans une grande ville, quand on sait se promener et regarder? La vie fourmille de monstres innocents. —

Seigneur, mon Dieu! vous, le Créateur, vous, le
130 Maître; vous qui avez fait la Loi et la Liberté;
vous, le souverain qui laissez faire, vous, le juge
qui pardonnez; vous qui êtes plein de motifs et
de causes, et qui avez peut-être mis dans mon
esprit le goût de l'horreur pour convertir mon
135 cœur, comme la guérison au bout d'une lame;
Seigneur, ayez pitié, ayez pitié des fous et des
folles! O Créateur! peut-il exister des monstres
aux yeux de Celui-là seul qui sait pourquoi ils
existent, comment ils *se sont faits* et comment ils
140 auraient pu *ne pas se faire?*

XLVIII

ANY WHERE OUT OF THE WORLD
n'importe où hors du monde

Cette vie est un hôpital où chaque malade est possédé du désir de changer de lit. Celui-ci voudrait souffrir en face du poêle, et celui-là croit qu'il guérirait à côté de la fenêtre.

⁵ Il me semble que je serais toujours bien là où je ne suis pas, et cette question de déménagement en est une que je discute sans cesse avec mon âme.

« Dis-moi, mon âme, pauvre âme refroidie, que penserais-tu d'habiter Lisbonne? Il doit y faire ¹⁰ chaud, et tu t'y ragaillardirais comme un lézard. Cette ville est au bord de l'eau; on dit qu'elle est bâtie en marbre, et que le peuple y a une telle haine du végétal, qu'il arrache tous les arbres. Voilà un paysage selon ton goût; un paysage fait avec la ¹⁵ lumière et le minéral, et le liquide pour les réfléchir! »

Mon âme ne répond pas.

« Puisque tu aimes tant le repos, avec le spectacle du mouvement, veux-tu venir habiter la Hollande, cette terre béatifiante? Peut-être te divertiras-tu ²⁰ dans cette contrée dont tu as souvent admiré l'image dans les musées. Que penserais-tu de Rotterdam, toi qui aimes les forêts de mâts, et les navires amarrés au pied des maisons? »

Mon âme reste muette.

25   « Batavia te sourirait peut-être davantage? Nous
y trouverions d'ailleurs l'esprit de l'Europe marié
à la beauté tropicale. »

Pas un mot. — Mon âme serait-elle morte?

« En es-tu donc venue à ce point d'engourdisse-
30 ment que tu ne te plaises que dans ton mal? S'il
en est ainsi, fuyons vers les pays qui sont les ana-
logies de la Mort. — Je tiens notre affaire, pauvre
âme! Nous ferons nos malles pour Tornéo. Allons
plus loin encore, à l'extrême bout de la Baltique;
35 encore plus loin de la vie, si c'est possible; instal-
lons-nous au pôle. Là le soleil ne frise qu'oblique-
ment la terre, et les lentes alternatives de la lumière
et de la nuit suppriment la variété et augmentent
la monotonie, cette moitié du néant. Là, nous pour-
40 rons prendre de longs bains de ténèbres, cependant
que, pour nous divertir, les aurores boréales nous
enverront de temps en temps leurs gerbes roses,
comme des reflets d'un feu d'artifice de l'Enfer! »

Enfin, mon âme fait explosion, et sagement elle
45 me crie : « N'importe où! n'importe où! pourvu que
ce soit hors de ce monde! »

XLIX

ASSOMMONS LES PAUVRES!

Pendant quinze jours je m'étais confiné dans ma chambre, et je m'étais entouré des livres à la mode dans ce temps-là (il y a seize ou dix-sept ans); je veux parler des livres où il est traité de l'art de rendre les peuples heureux, sages et riches, en vingt-quatre heures. J'avais donc digéré, — avalé, veux-je dire, — toutes les élucubrations de tous ces entrepreneurs de bonheur public, — de ceux qui conseillent à tous les pauvres de se faire esclaves, et de ceux qui leur persuadent qu'ils sont tous des rois détrônés. — On ne trouvera pas surprenant que je fusse alors dans un état d'esprit avoisinant le vertige ou la stupidité.

Il m'avait semblé seulement que je sentais, confiné au fond de mon intellect, le germe obscur d'une idée supérieure à toutes les formules de bonne femme dont j'avais récemment parcouru le dictionnaire. Mais ce n'était que l'idée d'une idée, quelque chose d'infiniment vague.

Et je sortis avec une grande soif. Car le goût passionné des mauvaises lectures engendre un besoin proportionnel du grand air et des rafraîchissants.

Comme j'allais entrer dans un cabaret, un men-
25 diant me tendit son chapeau, avec un de ces regards
inoubliables qui culbuteraient les trônes, si l'esprit
remuait la matière, et si l'œil d'un magnétiseur
faisait mûrir les raisins.

En même temps, j'entendis une voix qui chucho-
30 tait à mon oreille, une voix que je reconnus bien;
c'était celle d'un bon Ange, ou d'un bon Démon,
qui m'accompagne partout. Puisque Socrate avait
son bon Démon, pourquoi n'aurais-je pas mon bon
Ange, et pourquoi n'aurais-je pas l'honneur,
35 comme Socrate, d'obtenir mon brevet de folie,
signé du subtil Lélut et du bien-avisé Baillarger?

Il existe cette différence entre le Démon de
Socrate et le mien, que celui de Socrate ne se mani-
festait à lui que pour défendre, avertir, empêcher,
40 et que le mien daigne conseiller, suggérer, persua-
der. Ce pauvre Socrate n'avait qu'un Démon
prohibiteur; le mien est un grand affirmateur,
le mien est un Démon d'action, un Démon de
combat.

45 Or, sa voix me chuchotait ceci : « Celui-là seul est
l'égal d'un autre, qui le prouve, et celui-là seul est
digne de la liberté, qui sait la conquérir. »

Immédiatement, je sautai sur mon mendiant.
D'un seul coup de poing, je lui bouchai un œil,
50 qui devint, en une seconde, gros comme une balle.
Je cassai un de mes ongles à lui briser deux dents,
et comme je ne me sentais pas assez fort, étant né
délicat et m'étant peu exercé à la boxe, pour assom-
mer rapidement ce vieillard, je le saisis d'une main
55 par le collet de son habit, de l'autre, je l'empoignai
à la gorge, et je me mis à lui secouer vigoureusement
la tête contre un mur. Je dois avouer que j'avais
préalablement inspecté les environs d'un coup d'œil,

et que j'avais vérifié que dans cette banlieue
60 déserte je me trouvais, pour un assez long temps,
hors de la portée de tout agent de police.

Ayant ensuite, par un coup de pied lancé dans
le dos, assez énergique pour briser les omoplates,
terrassé ce sexagénaire affaibli, je me saisis d'une
65 grosse branche d'arbre qui traînait à terre, et je le
battis avec l'énergie obstinée des cuisiniers qui
veulent attendrir un beefsteak.

Tout à coup, — ô miracle! ô jouissance du philo-
sophe qui vérifie l'excellence de sa théorie! — je vis
70 cette antique carcasse se retourner, se redresser
avec une énergie que je n'aurais jamais soupçonnée
dans une machine si singulièrement détraquée,
et, avec un regard de haine qui me parut de *bon
augure*, le malandrin décrépit se jeta sur moi,
75 me pocha les deux yeux, me cassa quatre dents,
et avec la même branche d'arbre me battit dru
comme plâtre. — Par mon énergique médication,
je lui avais donc rendu l'orgueil et la vie.

Alors, je lui fis force signes pour lui faire compren-
80 dre que je considérais la discussion comme finie,
et me relevant avec la satisfaction d'un sophiste
du Portique, je lui dis : « Monsieur, *vous êtes mon
égal!* veuillez me faire l'honneur de partager avec
moi ma bourse; et souvenez-vous, si vous êtes
85 réellement philanthrope, qu'il faut appliquer à
tous vos confrères, quand ils vous demanderont
l'aumône, la théorie que j'ai eu la *douleur* d'essayer
sur votre dos. »

Il m'a bien juré qu'il avait compris ma théorie,
90 et qu'il obéirait à mes conseils.

LES BONS CHIENS

A M. Joseph Stevens

Je n'ai jamais rougi, même devant les jeunes écrivains de mon siècle, de mon admiration pour Buffon ; mais aujourd'hui ce n'est pas l'âme de ce peintre de la nature pompeuse que j'appellerai à mon aide.
⁵ Non.

Bien plus volontiers je m'adresserais à Sterne, et je lui dirais : « Descends du ciel, ou monte vers moi des champs Élyséens, pour m'inspirer en faveur des bons chiens, des pauvres chiens, un chant
¹⁰ digne de toi, sentimental farceur, farceur incomparable ! Reviens à califourchon sur ce fameux âne qui t'accompagne toujours dans la mémoire de la postérité ; et surtout que cet âne n'oublie pas de porter, délicatement suspendu entre ses lèvres,
¹⁵ son immortel macaron ! »

Arrière la muse académique ! Je n'ai que faire de cette vieille bégueule. J'invoque la muse familière, la citadine, la vivante, pour qu'elle m'aide à chanter les bons chiens, les pauvres chiens, les chiens crottés,
²⁰ ceux-là que chacun écarte, comme pestiférés et

pouilleux, excepté le pauvre dont ils sont les asso-
ciés, et le poëte qui les regarde d'un œil fraternel.

Fi du chien bellâtre, de ce fat quadrupède, danois,
king-charles, carlin ou gredin, si enchanté de lui-
²⁵ même qu'il s'élance indiscrètement dans les jambes
ou sur les genoux du visiteur, comme s'il était sûr de
plaire, turbulent comme un enfant, sot comme une
lorette, quelquefois hargneux et insolent comme un
domestique! Fi surtout de ces serpents à quatre
³⁰ pattes, frissonnants et désœuvrés, qu'on nomme
levrettes, et qui ne logent même pas dans leur museau
pointu assez de flair pour suivre la piste d'un ami,
ni dans leur tête aplatie assez d'intelligence pour
jouer au domino !

³⁵ A la niche, tous ces fatigants parasites!

Qu'ils retournent à leur niche soyeuse et capiton-
née! Je chante le chien crotté, le chien pauvre, le
chien sans domicile, le chien flâneur, le chien sal-
timbanque, le chien dont l'instinct, comme celui
⁴⁰ du pauvre, du bohémien et de l'histrion, est mer-
veilleusement aiguillonné par la nécessité, cette
si bonne mère, cette vraie patronne des intelli-
gences!

Je chante les chiens calamiteux, soit ceux qui
⁴⁵ errent, solitaires, dans les ravines sinueuses des
immenses villes, soit ceux qui ont dit à l'homme
abandonné, avec des yeux clignotants et spirituels :
« Prends-moi avec toi, et de nos deux misères nous
ferons peut-être une espèce de bonheur! »

⁵⁰ « *Où vont les chiens?* » disait autrefois Nestor
Roqueplan dans un immortel feuilleton qu'il a
sans doute oublié, et dont moi seul, et Sainte-Beuve
peut-être, nous nous souvenons encore aujourd'hui.

Où vont les chiens, dites-vous, hommes peu atten-
⁵⁵ tifs? Ils vont à leurs affaires.

Rendez-vous d'affaires, rendez-vous d'amour.
A travers la brume, à travers la neige, à travers la
crotte, sous la canicule mordante, sous la pluie
ruisselante, ils vont, ils viennent, ils trottent, ils
⁶⁰ passent sous les voitures, excités par les puces, la
passion, le besoin ou le devoir. Comme nous, ils
se sont levés de bon matin, et ils cherchent leur
vie ou courent à leurs plaisirs.

Il y en a qui couchent dans une ruine de la
⁶⁵ banlieue et qui viennent, chaque jour, à heure fixe,
réclamer la sportule à la porte d'une cuisine du
Palais-Royal; d'autres qui accourent, par troupes,
de plus de cinq lieues, pour partager le repas que
leur a préparé la charité de certaines pucelles sexagé-
⁷⁰ naires, dont le cœur inoccupé s'est donné aux bêtes,
parce que les hommes imbéciles n'en veulent plus.

D'autres qui, comme des nègres marrons, affolés
d'amour, quittent, à de certains jours, leur départe-
ment pour venir à la ville, gambader pendant
⁷⁵ une heure autour d'une belle chienne, un peu négli-
gée dans sa toilette, mais fière et reconnaissante.

Et ils sont tous très-exacts, sans carnets, sans
notes et sans portefeuilles.

Connaissez-vous la paresseuse Belgique, et avez-
⁸⁰ vous admiré, comme moi, tous ces chiens vigou-
reux attelés à la charrette du boucher, de la laitière
ou du boulanger, et qui témoignent, par leurs
aboiements triomphants, du plaisir orgueilleux
qu'ils éprouvent à rivaliser avec les chevaux?

⁸⁵ En voici deux qui appartiennent à un ordre
encore plus civilisé. Permettez-moi de vous intro-
duire dans la chambre du saltimbanque absent.
Un lit, en bois peint, sans rideaux, des couvertures
traînantes et souillées de punaises, deux chaises
⁹⁰ de paille, un poêle de fonte, un ou deux instruments

de musique détraqués. Oh! le triste mobilier! Mais
regardez, je vous prie, ces deux personnages
intelligents, habillés de vêtements à la fois éraillés
et somptueux, coiffés comme des troubadours ou
95 des militaires, qui surveillent, avec une attention
de sorciers, *l'œuvre sans nom* qui mitonne sur le
poêle allumé, et au centre de laquelle une longue
cuiller se dresse, plantée comme un de ces mâts
aériens qui annoncent que la maçonnerie est
100 achevée.

N'est-il pas juste que de si zélés comédiens ne se
mettent pas en route sans avoir lesté leur estomac
d'une soupe puissante et solide? Et ne pardonnerez-
vous pas un peu de sensualité à ces pauvres diables
105 qui ont à affronter tout le jour l'indifférence du
public et les injustices d'un directeur qui se fait
la grosse part et mange à lui seul plus de soupe que
quatre comédiens?

Que de fois j'ai contemplé, souriant et attendri,
110 tous ces philosophes à quatre pattes, esclaves
complaisants, soumis ou dévoués, que le diction-
naire républicain pourrait aussi bien qualifier
d'*officieux*, si la république, trop occupée du *bonheur*
des hommes, avait le temps de ménager l'*honneur*
115 des chiens!

Et que de fois j'ai pensé qu'il y avait peut-être
quelque part (qui sait, après tout?), pour récom-
penser tant de courage, tant de patience et de labeur,
un paradis spécial pour les bons chiens, les pauvres
120 chiens, les chiens crottés et désolés. Swedenborg
affirme bien qu'il y en a un pour les Turcs et un
pour les Hollandais!

Les bergers de Virgile et de Théocrite attendaient,
pour prix de leurs chants alternés, un bon fromage,
125 une flûte du meilleur faiseur ou une chèvre aux

mamelles gonflées. Le poëte qui a chanté les pauvres
chiens a reçu pour récompense un beau gilet, d'une
couleur, à la fois riche et fanée, qui fait penser aux
soleils d'automne, à la beauté des femmes mûres et
130 aux étés de la Saint-Martin.

Aucun de ceux qui étaient présents dans la
taverne de la rue Villa-Hermosa n'oubliera avec
quelle pétulance le peintre s'est dépouillé de son
gilet en faveur du poëte, tant il a bien compris
135 qu'il était bon et honnête de chanter les pauvres
chiens.

Tel un magnifique tyran italien, du bon temps,
offrait au divin Arétin soit une dague enrichie de
pierreries, soit un manteau de cour, en échange
140 d'un précieux sonnet ou d'un curieux poëme sati-
rique.

Et toutes les fois que le poëte endosse le gilet du
peintre, il est contraint de penser aux bons chiens,
aux chiens philosophes, aux étés de la Saint-Martin
145 et à la beauté des femmes très-mûres.

ÉPILOGUE

Le cœur content, je suis monté sur la montagne
D'où l'on peut contempler la ville en son ampleur,
Hôpital, lupanar, purgatoire, enfer, bagne,

Où toute énormité fleurit comme une fleur.
5 Tu sais bien, ô Satan, patron de ma détresse,
Que je n'allais pas là pour répandre un vain pleur;

Mais comme un vieux paillard d'une vieille maî-
                                        tresse,
Je voulais m'enivrer de l'énorme catin
10 Dont le charme infernal me rajeunit sans cesse.

Que tu dormes encor dans les draps du matin,
Lourde, obscure, enrhumée, ou que tu te pavanes
Dans les voiles du soir passementés d'or fin,

Je t'aime, ô capitale infâme! Courtisanes
15 Et bandits, tels souvent vous offrez des plaisirs
Que ne comprennent pas les vulgaires profanes.

Reliquat

[LISTES DE PROJETS]

[I]

Poëmes à faire

CHOSES PARISIENNES

[FACILES : *biffé*]

Le vieux petit athée	1
La Cour des message-ries	2
L'élégie des chapeaux	3
La poule noire	4
La fin du Monde	5
Du haut des Buttes Chaumont	6
Un mercredi des Cendres	7
Le poëte et l'histo-rien	8
Oreste et Pylade	9
Les deux ivrognes	10
Les aliénistes	11
Le philosophe au Carnaval	12
Les Reproches du portrait	13
Le poisson Rouge	14
Vol de Cavaliers	15
Chants d'Église	16
En l'honneur de mon patron (4 novem-bre)	17
L'autel de Moloch	18
Pour cinq sols	19

ONEIROCRITIE

Symptômes de Ruine	35
Mes Débuts	36
Retour au Collège	37
Appartements incon-nus	38
Paysages sans arbres	39
Condamnation à mort	40
La Mort	41
La Souricière	42
Fête dans une ville déserte	43
Le palais sur la Mer	44
Les escaliers	45
Prisonnier dans un phare	46
Un désir	47

SYMBOLES ET MORALITÉS

L'ingratitude filiale	48
Une parole de Jean Hus [*sic*]	49
L'illusion sacrée	50

Le séduisant Croque-Mort   20
La salle des martyrs   21
L'homme aux Diamants   22
Le Vieil entreteneur   23
Avant d'être mûr   24
L'orgue de Barbarie   25
La Sourde muette   26
Distribution de vivres   27
Un Lazzarone [*sic*] parisien   ?
L'enfer au Théâtre   28
La douce visiteuse   29
Le choléra à l'Opéra   30
Melencholia [*sic*]   31
L'Auberge du Bocage   32
Nuits de noces   33
Auto-coou ou incestueux   34

Ni Remords ni Regrets   [51 : *biffé*]
Le Sphinx Rococo   51
La grande prière   52
Les derniers chants de Lucain   53
La prière du pharisien   54

Le chapelet
N'offensons pas les Mânes

[II]

SPLEEN DE PARIS
à faire

[A¹ rº]

         48 *bis* N'offensons pas les mânes
         48 *ter* Le Chapelet
*48   Aux philosophes amateurs de bals masqués
49   Le Séduisant Croque mort
*50   La poule noire
*51   La Cour des messageries
52   Les reproches du portrait (portrait de mon père)

*53 La fin du Monde
54 Les aliénistes. (Une mauvaise Communion. Chancellerie universelle)
*55 Le poisson rouge
56 La salle des Martyrs
57 L'homme aux diamants
58 Nuits de noces. (Les épreuves. Les Bottes neuves. La prière)
59 Le vieil entreteneur
60 Avant d'être mûr
*61 Les deux ivrognes
*62 L'orgue de Barbarie
*63 L'autel de Moloch.
64 La Sourde Muette.
*65 Vol de Cavaliers (collectionneurs. Maniaques. Cleptomanes portraits à lunettes)
*66 L'Élégie des Chapeaux.
*67 Un mercredi des Cendres [à la barrière St-Jacques : *biffé*]
*68 Distribution de vivres
69 Fête dans une ville déserte (Paris la Nuit, à l'époque de la guerre d'Italie)
70 Le vieux petit athée.
71 Chants d'Église (In exitû Israel... ponam inimicos tuos...)
72 Autococu ou incestueux?
73 Le prétendant Malgache (Souvenir revu à Paris, par une poupée de cire) (nouvelle)
74 Le boa (souvenir de l'Inde) (nouvelle)
*75 Oreste et Pylade.
76 Pour Cinq sols.
77 Une saute de vent.
78 Une rancune satisfaite (histoire de Feuchères, *peut-être une nouvelle*)
79 Le père qui attend (vêtements de fou et joujoux, *peut-être une nouvelle*)

*80   Le Lazzaronne [*sic*] (à Paris)

[A² r⁰]

*81   En l'honneur de mon Patron. (Le billard)
 82   L'ingratitude filiale (Les oiseaux) (expérience)
 83   Le Rêve avertisseur (*peut-être une nouvelle*)
 84   L'auberge du Bocage (souvenir de jeunesse, par
        l'odeur, la couleur, et le vent frais)
*85   Le poëte et l'historien (Carlyle et Tennyson)
*86   Symptômes de ruines.
*87   Mes débuts.
*88   Le Retour au Collège (consultation)
*89   Appartements inconnus. (Lieux connus et
        inconnus, mais reconnus. Appartements pou-
        dreux. Déménagements. Livres retrouvés)
 90   Le palais sur la mer
 91   Paysages sans arbres
 92   La souricière
 93   Les Escaliers. (Vertige. Grandes courbes.
        Hommes accrochés, une sphère, brouillard
        en haut et en bas)
 94   Prisonnier dans un phare
 95   Condamnation à mort. (Faute oubliée par moi,
        mais subitement retrouvée, depuis la Con-
        damnation.)
 96   La Mort
*97   L'illusion sacrée
 98   Melencholia [*sic*]
*99   Un désir   CLASSEMENT
100   Le rêve de Socrate   Choses parisiennes
*101   Une parole de Jean   Rêves
        Hus [*sic*]   Symboles et Moralités
102   Ni remords ni re-   Autres classes à trouver
        grets (?)
103   Les derniers chants de Lucain
104   Le sphinx Rococo
105   La Douce Visiteuse
*106   Le choléra au bal masqué

107 [La grande prière : *biffé*]
    La statistique et le Théâtre
    (L'enfer au Théâtre)
[108 Every where, out of the world : *biffé*]
    Any
[109 La grande prière : *biffé*]
108 Any where, out of the world (fait)
109 La grande prière
110 Assommons les pauvres (fait)
111 Les bons chiens (fait)
112 La prière du pharisien

[III]

[A² v⁰]

[Liste entièrement raturée, tous les titres légèrement souli-
gnés en rouge.]

Poëmes faciles à faire

La cour des Messageries
L'Élégie des Chapeaux
Du haut des buttes Chaumont
La fin du Monde
L'autel de Moloch
Symptômes de Ruine.
Dernière parole de Jean Hus [*sic*]
[Le Rêve de Socrate : *biffé*]
La poule noire
Les aliénistes
Un mercredi des Cendres
Auto-coçu ou incestueux?
Le vieux petit athée
Pour Cinq Sols
Oreste et Pylade
Le poëte et l'historien
L'illusion sacrée   [17 *surchargé en*] 16

[PLANS ET NOTES]

[A]   POËMES EN PROSE

Jean Hus. (analyse de ses dernières paroles.)
La grande Veuve mélancolique devant le jardin de
   Musard.
Les pauvres devant un Café neuf.
5 Mes rêves.
   La Comédie en province.
   Le collège.
   La mort.
   Le vide. (Sentiment du vide infini.)
10 Condamnation à mort pour une faute oubliée. (Senti-
   ment d'effroi. Je ne discute pas l'accusation.
   Grande faute non expliquée dans le rêve.)
Appartements inconnus, pauvres mais nobles et
   poëtiques.
15 Le Vieux Saltimbanque.
L'élégie des chapeaux. Fleurs dans le désert. Les
   vers de Thomas Gray.

[B]

POËMES EN PROSE

   (Pour la guerre Civile)
   Le Canon Tonne..... les membres volent,..... des

gémissements de victimes et des Hurlements de
sacrificateurs se font entendre..... C'est l'Humanité
⁵ qui cherche le bonheur.

[C]

POËMES NOCTURNES

LA LETTRE D'UN FAT.

Mélange d'emphase sincère et d'emphase ironique.
Il y a des jours où je me sens si puissant que......
La Mappemonde.

[D]

Symptômes de ruine. Bâtiments immenses. Plu-
sieurs, l'un sur l'autre. des appartements, des
chambres, *des temples*, des galeries, des escaliers,
des cœcums, des belvéders, des lanternes, des fon-
⁵ taines, des statues. — *fissures, Lézardes. humidité
provenant d'un réservoir situé près du ciel.* — Com-
ment avertir les gens, les nations — ? avertissons
à l'oreille les plus intelligents.

Tout en haut, une colonne [se : *biffé*] craque et ses
¹⁰ deux extrémités se déplacent. Rien n'a encore
croulé. Je ne peux plus retrouver l'issue. Je des-
cends, puis je remonte. *Une tour-labyrinthe. Je
n'ai jamais pu sortir. J'habite pour toujours un
bâtiment qui va crouler, un bâtiment travaillé par
¹⁵ une maladie secrète.* — Je calcule, en moi-même,
pour m'amuser, si une si prodigieuse masse de
pierres, de marbres, de statues, de murs, qui vont
se choquer réciproquement seront très souillés par
cette multitude de cervelles, de chairs humaines et
²⁰ d'ossements concassés. — Je vois de si terribles
choses en rêve, que je voudrais quelquefois ne plus
dormir, si j'étais sûr de n'avoir trop de fatigue.

[E]   Notes pour l'*Elégie des Chapeaux*

[r°]

un chapeau. Surface lisse.
une capote. Surface plissée ou bouillonnée.
La passe (à partir de l'endroit qui ne pose [pas
surchargé en] plus sur la tête).
5   La partie postérieure s'appelle fond ou Calotte,
coiffe, quand elle est tuyautée.
brides. attaches ou petites brides.
Plumes, marabouts, aigrettes.
Tours de tête, en plumes ou en fleurs.
10   Une *maintenon*, espèce de fanchon en dentelle,
adaptée au chapeau, nouée par dessus les brides.
Une *Marie Stuart*, forme avec pointe surbaissée,
forme sarrazine, forme ogivale.
Chapeau *Lavallière* (passé de mode) avec deux plu-
15   mes se réunissant par derrière.
Chapeau russe. une aigrette.
Le *Toquet* porte un pompon ou une aile.
Une fleur (rose) posée en *Marie Louise.*
Chapeau *à la Marinière,* avec bouquet.
20   Chapeau *Longueville,* est un chapeau Lavallière
à une seule plume traînante et battant l'espace.
Bonnet écossais, en popeline à carreaux, avec
cocarde, agraffe [*sic*] d'argent et plume d'aigle ou
de Corbeau.
25   Ornements : Bouillons, ruches, biais, lisérés.

[v°]

Mobilier d'un magazin de modes :
Rideaux de Mousseline ou de soie blanche unie.
Divans. Psyché, surface polie mobile. Miroirs ovales
et inclinés. Grande table ovale, avec Champignon à
30   longs pieds. Laboratoire des fées. Besogne propre.

aspect général : fraîcheur, clarté, blancheur, viva-
cité de couleur d'un parterre.
Rubans, franfreluches, tulle, gazes, mousseline,
plumes, etc...

85 Les chapeaux font penser aux têtes, et ont l'air d'une galerie de têtes. Car chaque chapeau, par son caractère, appelle une tête et la fait voir aux yeux de l'esprit. Têtes coupées.

40 quelle tristesse dans la frivolité solitaire! Sentiment navrant de la ruine folâtre. Un monument de gaîté dans le désert. La frivolité dans l'abandon.

La modiste du faubourg, pâle, chlorotique, café au lait, comme une vieille buraliste.

Sentiment navrant

[F]   *La cour des messageries*

Au milieu d'un groupe de différentes personnes descendant d'une diligence, une femme entourée de ses enfants, se jette au cou d'un voyageur en bonnet de coton. Jour froid de Paris. Un petit se hausse
5 sur les pieds pour être embrassé.

Plus loin, un autre voyageur charge ses paquets sur les crochets d'un commissionnaire.

Au premier plan à gauche, un mendiant tend son chapeau à un militaire à plumet jaune, [maigr. :
10 *biffé*] un officier de fortune, maigre comme Bonaparte, et un garde national 'cherche à embrasser une succulente bouquetière qui [se défend. : *biffé*] [peut-être : *biffé*] elle se défend mollement.

A droite, un monsieur, le chapeau à la main, parle
15 à une femme tenant un enfant; près de ce groupe, deux chiens qui se battent. Boilly. 1803.

[G]

Der Tod als Erwürger.
Erster Auftritt der Cholera auf einem Maskenball in Paris, 1831.
Der Tod als Freund.
La mort comme bourreau.

Première apparition du Choléra à un bal masqué à
Paris, 1831.
La mort comme ami.

[H]
Spleen de Paris.
Singulière conversation.
N'offensons pas les mânes.
Le chapelet.

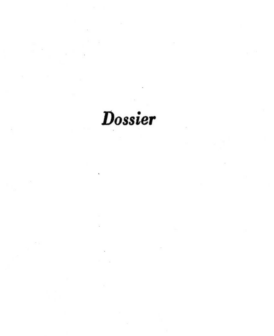

Dossier

CHRONOLOGIE

1759 7 juin : Naissance, à La Neuville-au-Pont (Marne), de Joseph-François Baudelaire, père du poète.

1781 4 août : Joseph-François Baudelaire est nommé maître ès arts de la Faculté des arts de Paris. Après avoir suivi les cours de philosophie à l'Université de Paris, il suivra ceux de théologie, de 1781 à 1784. Ordonné au sous-diaconat en décembre 1782, il reçoit la prêtrise à la fin de 1783 ou en 1784. Sa brève carrière dans les ordres prend fin le 19 novembre 1793 : profitant du décret de la Convention nationale du 23 brumaire de l'an II, Joseph-François Baudelaire renonce à ses fonctions.

1793 27 septembre : Naissance, à Londres, de Caroline Archenbaut-Defayis (ou Archimbaut-Dufays), mère du poète. Orpheline, elle devient la pupille de Pierre Pérignon, ami de Joseph-François Baudelaire.

1797 7 mai : Mariage de Joseph-François Baudelaire avec Jeanne-Justine-Rosalie Janin.

1805 18 janvier : Naissance de Claude-Alphonse Baudelaire, demi-frère du poète, qui fera carrière dans la magistrature, à Fontainebleau. En 1829, il épousera

Anne-Félicité Ducessois, que Charles courtisera autour de sa vingt-cinquième année.

1819 9 septembre : Joseph-François Baudelaire, devenu veuf en décembre 1814, épouse Caroline Archimbaut-Dufays.

1821 9 avril : Naissance, rue Hautefeuille, à Paris, de Charles-Pierre Baudelaire.

D'Arlincourt : *Le Solitaire.*
Joseph de Maistre : *Les Soirées de Saint-Pétersbourg.*

1822 7 avril : Naissance, à Mézières, d'Aglaé-Joséphine Sabatier, fille naturelle du vicomte d'Abancourt; elle s'appellera Apollonie Sabatier avant d'être surnommée la Présidente.

Delacroix expose au Salon *La Barque de Dante*, vivement attaquée par la critique : Delécluze parle de « tartouillade »; seul Thiers manifeste son enthousiasme.

1827 10 février : Mort de Joseph-François Baudelaire, ancien chef des bureaux du Sénat.
30 septembre : Naissance de Marie Bruneau, dite Marie Daubrun, qui débutera en 1845 au Théâtre-Montmartre (aujourd'hui Théâtre de l'Atelier), avant de passer au Vaudeville.

1828 8 novembre : Mme veuve Baudelaire se remarie avec le chef de bataillon Jacques Aupick (né en 1789).

1830 Révolution de Juillet : Triomphe de la bourgeoisie libérale.

1831 Décembre : Le lieutenant-colonel Aupick est nommé chef d'état-major de la 7e division militaire à Lyon.

1832 Janvier : Charles et sa mère rejoignent Aupick à Lyon où Charles entre en sixième à la pension Delorme.
Octobre : Charles entre comme interne au Collège royal de Lyon.

1834 La répression de l'insurrection d'avril à Lyon vaut à Aupick d'être promu au grade de colonel.
Sainte-Beuve : *Volupté.*
Delacroix : *Femmes d'Alger.*

1836 Aupick est promu chef d'état-major de la place de Paris; le 1er mars, Charles entre en troisième au Collège Louis-le-Grand.
Ministère Thiers.

1838 Fin août-début octobre : Charles, qui a rejoint ses parents à Barèges, entreprend avec eux un voyage dans les Pyrénées qui lui inspire les vers d'*Incompatibilité* et dont le souvenir se prolonge jusque dans le poème en prose *Le Gâteau.*
Gautier : *La Comédie de la mort.*

1839 18 avril : Charles est renvoyé du collège, non pas pour pédérastie, comme l'a insinué Charles Cousin, suivi sur ce point avec délices par Proust et Gide, mais pour avoir refusé de remettre au professeur un billet que lui avait passé un camarade.
Août : Aupick est nommé maréchal de camp (général de brigade) et Charles est reçu bachelier.
Pétrus Borel : *Madame Putiphar.*
Balzac : *Béatrix; Un grand homme de province à Paris.*

1840 A la pension Bailly, 11 place de l'Estrapade, Baudelaire fait la connaissance de Gustave Le Vavasseur et d'Ernest Prarond. Liaison avec Sarah, dite Louchette, petite prostituée du Quartier Latin, qui lui inspirera plusieurs poèmes : « Je n'ai pas pour maîtresse une lionne illustre... »; « Une nuit que j'étais près d'une affreuse juive... »; « Tu mettais l'univers entier dans ta ruelle... »

Hugo : *Les Rayons et les Ombres.*
Proudhon : *Qu'est-ce que la propriété?*

1841 Juin : Pour arracher Baudelaire à ses mauvaises fréquentations, la famille décide de l'envoyer en voyage et le fait embarquer, à Bordeaux, sur le *Paquebot-des-mers-du-Sud*, qui met à la voile pour Calcutta.
Septembre : Séjour du poète à l'île Maurice.
Octobre : Baudelaire refuse d'aller plus loin que l'île Bourbon et s'embarque sur l'*Alcide* à destination de la France.

1842 Février : Arrivée à Bordeaux et retour à Paris. Peu après, Baudelaire fait la connaissance de Jeanne Duval avec qui il restera plus ou moins lié presque toute sa vie. Elle sera l'inspiratrice de nombreux poèmes dont : « Je t'adore à l'égal de la voûte nocturne... », « Avec ses vêtements ondoyants et nacrés... », *Le Chat, Le Balcon, Un Fantôme.*
9 avril : Baudelaire, majeur, est mis en possession de la fortune qui lui vient de son père (75 000 francs de l'époque).
Juin : Installation dans l'île Saint-Louis, 10, quai de Béthune.

Balzac : Préface de *La Comédie humaine.*
Banville : Débuts éclatants avec *Les Cariatides.*
Aloysius Bertrand : *Gaspard de la Nuit* (publié par Sainte-Beuve et Victor Pavie).
Eugène Sue : *Les Mystères de Paris* en feuilleton dans *La Presse.*

1843 Février : Publication du recueil *Vers*, sous les noms de G. Le Vavasseur, Ernest Prarond, A. Argonne (pseudonyme d'Auguste Dozon). Jules Mouquet a montré que Baudelaire a collaboré anonymement à la seconde partie du volume. Vers la même époque, le poète participe à un projet de drame en vers, *Idéolus*, dont le manuscrit est en grande partie de la main de Prarond.

Mai : Installation à l'Hôtel Pimodan. C'est chez le peintre Ferdinand Boissard de Boisdenier que Baudelaire rencontre Gautier, peut-être Apollonie Sabatier et Balzac; là se tenaient également les séances du Club des Haschischins. Dettes contractées envers Arondel, brocanteur habitant l'hôtel, qui vendait à Baudelaire de faux Vélasquez, Poussin, Tintoret, Corrège, etc.

C'est en 1843 probablement que Baudelaire envoie à Sainte-Beuve une lettre pleine d'admiration et une épître en vers.

Reprise (24 janvier) de *Phèdre* à la Comédie-Française, avec Rachel : grand succès. 7 mars : échec des *Burgraves* de Victor Hugo. 22 avril : succès de la tragédie néo-classique de Ponsard, *Lucrèce*.

1844 2 mars : Publication des *Mystères galans des théâtres de Paris*, recueil anonyme de ragots et d'historiettes auquel collaborèrent Mathieu-Dairnvæll, Fortuné Mesuré, Privat d'Anglemont, l'abbé Constant et Baudelaire (auteur, notamment, d'une diatribe contre Ponsard).

Juillet : Effrayée par les incartades de son fils, Mme Aupick, d'entente avec le conseil de famille, engage la procédure en vue de la dation d'un conseil judiciaire.

21 septembre : Le tribunal civil désigne à cet effet Narcisse-Désiré Ancelle, notaire à Neuilly. Le poète souffrira toute sa vie de cette humiliation, mais, après avoir maudit son conseil, finit par lui rendre justice.

Balzac : *Modeste Mignon; Un début dans la vie; Honorine.*

Chateaubriand : *Vie de Rancé.*
Dumas : *Les Trois Mousquetaires.*
Nerval : *Le Christ aux Oliviers* (dans *L'Artiste*, 31 mars).
Vigny : *La Maison du Berger* (publiée le 15 juillet dans la *Revue des Deux Mondes*).
Sue : *Le Juif errant* (en feuilleton dans le *Journal des Débats*).

1845 Avril : Publication du *Salon de 1845*; le deuxième plat de la couverture annonce comme étant « sous presse » : *De la peinture moderne*, et « pour paraître prochainement » : *De la caricature, David, Guérin, Girodet.*
25 mai : Le sonnet *A une Dame créole* paraît dans *L'Artiste.*
30 juin : Baudelaire annonce à Ancelle qu'il va se tuer; il lègue ses biens à Jeanne Duval et ses papiers à Banville. Assez vite rétabli, il vivra quelque temps chez ses parents.
Octobre : Sur la couverture de *L'Agiotage*, satire de Pierre Dupont, sont annoncées pour paraître prochainement : *Les Lesbiennes*, titre d'un recueil de vers que l'on retrouve sur quelques couvertures en 1846 et 1847, et qui, sous le titre une fois encore provisoire des *Limbes*, paraîtra finalement sous celui des *Fleurs du Mal.*

Gautier : *España.*
Mérimée : *Carmen.*

1846 Février : *Le Jeune Enchanteur* paraît dans *L'Esprit public* sous la signature de Baudelaire. Comme l'a récemment découvert W.T. Bandy, il s'agit en réalité de l'adaptation d'une nouvelle anglaise due au Révérend Croly (1836).
3 mars : Le *Corsaire-Satan* publie un *Choix de maximes consolantes sur l'amour* où est annoncé un *Catéchisme de la femme aimée* qui ne paraîtra jamais.
15 avril : *Conseils aux jeunes littérateurs* dans *L'Esprit public.*

Mai : Mise en vente du *Salon de 1846.*

10 mai : Mort du peintre Emile Deroy.

Septembre : Émile Daurand-Forgues donne à la *Revue britannique* une traduction d'*Une descente dans le Maëlstrom* de Poe.

Octobre : Traduction, par Forgues, des *Murders in the Rue Morgue* (dans *Le Commerce*); étude sur Poe dans la *Revue des Deux Mondes.*

1847 Janvier : *La Fanfarlo* dans le *Bulletin de la Société des gens de lettres.*

27 janvier : Isabelle Meunier publie dans *La Démocratie pacifique* une traduction du *Chat noir*, texte qui, selon Asselineau, révéla à Baudelaire l'œuvre de Poe.

Novembre : Aupick est nommé commandant de l'École polytechnique.

Portrait de Baudelaire par Courbet : début de leur amitié.

1848 24 février : Baudelaire sur les barricades; il fonde, avec Champfleury et Toubin, *Le Salut public*, qui ne connut que deux numéros (27 février et 1er ou 2 mars).

10 avril-6 mai : Baudelaire est secrétaire de rédaction de *La Tribune nationale*, journal républicain modéré.

13 avril : Aupick ministre plénipotentiaire de la République à Constantinople.

15 juillet : *Révélation magnétique*, première traduction de Poe par Baudelaire dans *La Liberté de penser.*

Novembre : *Le Vin de l'Assassin* paraît dans *L'Écho des marchands de vin.*

1849 7 octobre : Mort d'Edgar Allan Poe à Baltimore.

Premières relations avec l'éditeur Poulet-Malassis.

Décembre : Mystérieux séjour de Baudelaire à Dijon.

Voyage de Flaubert et de Maxime Du Camp en Grèce, Syrie et Égypte.

Sainte-Beuve : Feuilletons littéraires du *Lundi* au *Constitutionnel*, puis au *Moniteur*, puis au *Temps*.

1850 Asselineau se souvient d'avoir vu chez Baudelaire « le manuscrit de ses poésies magnifiquement copié par un calligraphe, et qui formait deux volumes in-4° cartonnés et dorés. C'est ce manuscrit qui a servi pour l'impression des *Fleurs du Mal* ». Document capital qui n'a pas été retrouvé à ce jour.
Juin : *L'Ame du Vin* et *Châtiment de l'orgueil* paraissent dans *Le Magasin des Familles*, où ils sont présentés comme extraits d'un volume à paraître très prochainement : *Les Limbes*.

1851 7-12 mars : *Du vin et du hachish comparés comme moyens de multiplication de l'individu*, esquisse de la première partie des *Paradis artificiels*, paraît dans le *Messager de l'Assemblée*.
9 avril : Publication, dans le même périodique, de onze poèmes sous le titre *Les Limbes*. Baudelaire, qui s'était fait une réputation de talent inédit, rompt avec la légende du silence.
18 juin : Aupick est nommé ambassadeur à Madrid; il restera en fonctions jusqu'en avril 1853.
Août : Notice élogieuse sur Pierre Dupont.
Octobre : Baudelaire demande à Londres les *Œuvres* de Poe.
27 novembre : *La Semaine théâtrale* publie un article dirigé contre Augier et Ponsard : *L'École du bon sens*.

2 décembre : Coup d'État de Louis-Napoléon Bonaparte.
Barbey d'Aurevilly : *Une vieille maîtresse*.

1852 22 janvier : *L'École païenne*, étude visant Banville et, peut-être, Ménard, Gautier, Leconte de Lisle et Victor de Laprade, publiée dans *La Semaine théâtrale*.
Mars-avril : Dans la *Revue de Paris* : *Edgar Allan Poe, sa vie et ses ouvrages*, article qui, pour les deux tiers,

procède d'un compte rendu des *Œuvres* de Poe que
John M. Daniel a donné au *Southern Literary Messen-
ger* en 1850.
9 décembre : Première lettre adressée anonymement
à Mme Sabatier, en lui envoyant le poème *A celle qui
est trop gaie.*

Gautier : *Émaux et Camées.*
Leconte de Lisle : *Poèmes antiques.*
Nerval : *Lorély.*
Hugo : *Napoléon le Petit.*

1853 1er mars : Traduction du *Corbeau* de Edgar Allan Poe
dans *L'Artiste.*
8 mars : Aupick est nommé sénateur de l'Empire.
27 mars : Traduction de la *Philosophie de l'ameuble-
ment* dans *Le Monde littéraire.*
17 avril : *Morale du Joujou* dans *Le Monde Litté-
raire :* de ce texte Baudelaire tirera le poème, *Le
Joujou du Pauvre.*
8 et 9 mai : Lettres à Mme Sabatier accompagnant
Réversibilité et *Confession.*

1854 7 février : Envoi à Mme Sabatier du *Flambeau vivant*
et, peu de jours après, de *L'Aube spirituelle.*
16 février : Envoi à la même du sonnet : « Que diras-tu
ce soir... »
8 mai : Envoi à la même de l'*Hymne* qui ne sera
publié que dans *Les Épaves* (1866).
25 juillet : *Le Pays* commence à publier la traduction
des nouvelles de Poe qui se poursuivront jusqu'au
20 avril 1855.

Vigny : *La Bouteille à la mer.*
Nerval : *Les Filles du feu.*

1855 26 janvier : Gérard de Nerval est trouvé pendu à un
soupirail, rue de la Vieille-Lanterne.
26 mai-12 août : Publication dans *Le Pays*, puis dans

Le Portefeuille, de trois articles sur l'Exposition
Universelle.
1ᵉʳ juin : La *Revue des Deux Mondes* publie 18 poèmes
sous le titre *Les Fleurs du Mal*, titre qu'avait trouvé,
selon Asselineau, Hippolyte Babou.
28 juin : Ouverture de l' « exhibition » de Courbet,
« Le Réalisme ».
Premiers poèmes en prose *(Le Crépuscule du Soir* et
La Solitude) dans l'*Hommage à Denecourt.*

Maxime Du Camp : *Chants modernes.*
Champfleury : *Les Bourgeois de Molinchart* (roman
réaliste provincial).

1856 12 mars : Mise en vente des *Histoires extraordinaires.*
30 décembre : Baudelaire signe un contrat et vend à
Poulet-Malassis et de Broise *Les Fleurs du Mal* et
Bric-à-brac esthétique (premier titre des *Curiosités
esthétiques*).

Publication, dans La Revue de Paris, de *Madame
Bovary :* Flaubert est poursuivi, mais acquitté.

1857 4 février : Remise du manuscrit des *Fleurs du Mal*
au correspondant parisien de Poulet-Malassis.
8 mars : Mise en vente des *Nouvelles Histoires extra-
ordinaires.*
28 avril : Mort du général Aupick.
21 juin : Mise en vente des *Fleurs du Mal.*
5 juillet : Compte rendu du recueil dans *Le Figaro*
par Bourdin; ce sont sans doute ces lignes bêtes et
méchantes qui ont attiré sur le volume l'attention
du Parquet.
11 juillet : Baudelaire annonce à Poulet-Malassis la
saisie des exemplaires en vente à Paris et lui demande
de cacher le reste de l'édition.
14 juillet : Compte rendu élogieux d'Édouard Thierry
dans *Le Moniteur.*
18 juillet : Baudelaire demande à Mᵐᵉ Sabatier
d'intervenir pour lui auprès de ses juges.

20 août : Procès des *Fleurs du Mal* devant la 6e Chambre correctionnelle. Réquisitoire d'Ernest Pinard, qui avait déjà requis contre *Madame Bovary*. Plaidoirie de Me Chaix d'Est-Ange. Condamnation de l'auteur et de ses éditeurs à des amendes et à la suppression de six poèmes.

24 août : *Le Présent* publie une première suite de six poèmes en prose sous le titre : *Poèmes nocturnes*.

30 août : Mme Sabatier se donne à Baudelaire.

1er et 15 octobre : *Le Présent* publie les études sur les caricaturistes français et étrangers, études dont la composition remonte aux années 1844-1846.

18 octobre : Compte rendu de *Madame Bovary* dans *L'Artiste*.

Banville : *Odes funambulesques*.

Champfleury : *La Succession de Le Camus* (roman réaliste).

Fromentin : *Un été dans le Sahara*.

Le Réalisme, revue dirigée par Duranty et Champfleury, paraît de juillet 1856 à mai 1857 (six numéros).

1858 13 mai : Mise en vente des *Aventures d'Arthur Gordon Pym*, qui avaient paru l'année précédente en feuilleton dans *Le Moniteur Universel*.

30 septembre : *Le Hachish*, première partie des *Paradis artificiels*, paraît dans la *Revue contemporaine*.

Octobre : Bref séjour à Honfleur auprès de sa mère.

Asselineau : *La Double Vie*, recueil de nouvelles dont Baudelaire avait revu la préface sur épreuves.

Gautier : *Le Roman de la momie*.

Ernest Feydeau : *Fanny*, roman que les contemporains comparaient à *Madame Bovary* et qui reçut les éloges de Sainte-Beuve.

1859 Janvier-février : Nouveau séjour à Honfleur. Composition du *Voyage* (imprimé sous la forme d'un placard).

9 janvier : *L'Artiste* publie un compte rendu de *La Double vie* de Charles Asselineau.

13 mars : *L'Artiste* publie l'étude de Baudelaire sur Gautier qui sera aussitôt reprise en plaquette, avec une lettre-préface de Victor Hugo, qui parle du « frisson nouveau » créé par *Les Fleurs du Mal*.

5 avril : Jeanne Duval, frappée de paralysie, entre à l'hôpital Dubois où elle séjournera jusqu'au 19 mai.

20 avril : La *Revue française* publie *La Genèse d'un poème* (nouvelle traduction du *Corbeau*), tirée de la *Philosophy of Composition*.

Mai-juin : Nouveau séjour à Honfleur.

Juin-juillet : Publication du *Salon de 1859* dans la *Revue française*.

Octobre : La *Revue internationale* de Genève commence la publication d'*Eureka* qui ne sera pas poursuivie.

Décembre : Autre séjour à Honfleur. Mort de Thomas de Quincey à Edimbourg.

1860 1er janvier : Nouveau contrat entre Baudelaire et Poulet-Malassis pour une deuxième édition des *Fleurs du Mal*, les *Paradis artificiels*, les *Opinions littéraires* (qui paraîtront posthumes sous le titre dû à Asselineau et à Banville d'*Art romantique* et *Curiosités esthétiques*).

15 et 31 janvier : *Un mangeur d'opium* (seconde partie des *Paradis artificiels*) paraît dans la *Revue contemporaine*.

17 avril : Grande lettre à Richard Wagner dans laquelle Baudelaire exprime son admiration.

Fin mai : Les *Paradis artificiels* paraissent en volume chez Poulet-Malassis.

Labiche : *Le voyage de M. Perrichon.*

Edmond et Jules de Goncourt : *Les hommes de lettres* (intitulé, à partir de 1868 : *Charles Demailly*).

Duranty : *Le Malheur d'Henriette Gérard* (roman réaliste).

1861 Février : Publication de la deuxième édition des *Fleurs du Mal.*

1er avril : Étude sur *Richard Wagner et « Tannhäuser » à Paris* dans la *Revue européenne*, puis en plaquette. Baudelaire annonce à sa mère le projet de composer une sorte de confession sous le titre *Mon cœur mis à nu*, à laquelle il rêve depuis deux ans et qui ne nous parviendra qu'à l'état de notes éparses.

24 mai : Baudelaire vend à Poulet-Malassis et de Broise le droit exclusif de publier ses œuvres, parues et à paraître.

Juin-août : la *Revue fantaisiste*, récemment fondée par le jeune Catulle Mendès, publie les *Réflexions sur quelques-uns de mes contemporains* (Hugo, Barbier, Marceline Desbordes-Valmore, Gautier, Pétrus Borel, Moreau, Banville, Pierre Dupont, Leconte de Lisle, Gustave Le Vavasseur).

1er novembre : La *Revue fantaisiste* insère une nouvelle série de *Poëmes en prose* (neuf morceaux, dont trois nouveaux).

Décembre : Candidature de Baudelaire à l'Académie française. Deux fauteuils étaient vacants — celui de Lacordaire et celui de Scribe; le poète opta pour le premier. Son geste fit scandale et ses amis, Sainte-Beuve en particulier, lui conseillèrent de se désister, ce que Baudelaire fit le 10 février suivant. Cette candidature avortée lui valut néanmoins l'amitié de Vigny.

Michelet : *La Mer.*
Manet : Le *Guitarrero.*

1862 23 janvier : Baudelaire consigne dans *Fusées* cette note : « J'ai cultivé mon hystérie avec jouissance et terreur [...] aujourd'hui 23 janvier 1862, j'ai subi un singulier avertissement, j'ai senti passer sur moi le vent de l'aile de l'imbécillité. »

14 avril : Mort, à Fontainebleau, de Claude-Alphonse Baudelaire.

26-27 août et 24 septembre : *La Presse* publie les vingt premiers poèmes en prose précédés d'une lettre-dédicace à Houssaye. La quatrième livraison contenant les pièces xxi à xxvi est supprimée sur épreuves, parce que Baudelaire avait mêlé aux morceaux nouveaux ceux publiés antérieurement.
6 septembre : *The Spectator* publie un article enthousiaste de Swinburne sur *Les Fleurs du Mal.*
Novembre : Faillite de Poulet-Malassis, qui gagnera bientôt la Belgique.

Leconte de Lisle : *Poèmes barbares.*
Hugo : *Les Misérables* (dont Baudelaire rendit élogieusement compte dans *Le Boulevard* du 20 avril, ce qui ne l'empêchait pas de qualifier le roman dans une lettre à sa mère de livre « immonde et inepte »).
Duranty : *La Cause du beau Guillaume.*
Villiers de L'Isle-Adam : *Isis.*

1863 13 janvier : Baudelaire vend à l'éditeur Hetzel le droit exclusif de publier *Les Fleurs du Mal* et les *Petits Poëmes en prose* déjà cédés à Poulet-Malassis.
Juin-décembre : La *Revue nationale et étrangère* donne sept nouveaux poèmes en prose.
13 août : Mort de Delacroix. Étude nécrologique de Baudelaire dans *L'Opinion nationale* (septembre et novembre).
26, 29 novembre et 3 décembre : *Le Figaro* publie *Le Peintre de la vie moderne.* — Mise en vente de la traduction *d'Eureka.*

Renan : *Vie de Jésus.*
Louis Ménard : *Le Polythéisme hellénique.*
Fromentin : *Dominique.*
Manet : *Le déjeuner sur l'herbe* fait scandale au Salon.

1864 7 et 14 février : *Le Figaro* publie six poèmes en prose sous le titre *Le Spleen de Paris.*
24 avril : Baudelaire part pour Bruxelles, où il

espère trouver un éditeur pour ses œuvres complètes et gagner de l'argent par des conférences. Il descend à l'hôtel du Grand Miroir.
Mai-juin : Cinq conférences sur Delacroix, Gautier, et sur les *Paradis artificiels*. Succès médiocre; honoraires inférieurs à ceux qui étaient promis. Baudelaire commence à accumuler des notes en vue d'un pamphlet contre la Belgique. Pendant l'été, il visite les principales villes des provinces belges.
25 décembre : La *Revue de Paris* publie six nouveaux poèmes en prose sous le titre *Le Spleen de Paris*.

Vigny : Publication posthume des *Destinées*.
Edmond et Jules de Goncourt : *Renée Mauperin*.
Barbey d'Aurevilly : *Le Chevalier des Touches*.

1865 1er février : Mallarmé publie dans *L'Artiste* la *Symphonie littéraire* dont la deuxième partie est consacrée à Baudelaire. Un article fielleux de Jules Janin sur *Henri Heine et la Jeunesse des Poètes*, publié dans *L'Indépendance belge*, provoque la colère de Baudelaire qui rédige une réponse cinglante dont nous connaissons deux brouillons mais qui ne fut jamais envoyée. — Aggravation de la maladie.
Mars : Publication de la traduction par Baudelaire des *Histoires grotesques et sérieuses* de Poe.
4-5 juillet : Voyage à Paris et à Honfleur.
16 et 30 novembre, 23 décembre : *L'Art* publie un grand article de Verlaine sur Baudelaire. Celui-ci s'en montre plus courroucé que flatté.

Hugo : *Chansons des rues et des bois*.
Barbey d'Aurevilly : *Un prêtre marié*.
Zola : *La Confession de Claude*.
Taine : *Philosophie de l'Art*.
Claude Bernard : *Introduction à la médecine expérimentale*.
Salon de 1865 : Manet expose l'*Olympia*.

1866 Début février : Baudelaire consulte sa mère et Asselineau sur les troubles qu'il ressent chaque jour avec plus d'acuité.

Fin février : Publication des *Épaves*.

Mi-mars : Chute de Baudelaire dans l'église Saint-Loup, à Namur, qu'il visitait avec Félicien Rops. Premiers symptômes d'aphasie et d'hémiplégie.

31 mars : Publication dans le *Parnasse contemporain* de quinze poèmes sous le titre *Nouvelles Fleurs du Mal*.

2 juillet : Baudelaire qui n'a pas recouvré la parole, mais qui a gardé son intelligence intacte, est ramené à Paris par sa mère et le peintre Arthur Stevens. Il est admis à la maison de santé du Dr Duval où il recevra les visites de Sainte-Beuve, Maxime Du Camp, Banville, Leconte de Lisle, Nadar; Mme Paul Meurice vient lui jouer du Wagner.

Verlaine : *Poèmes saturniens*.
Zola : *Mes haines; Mon Salon*.

1867 31 août : Mort de Baudelaire. Le même jour, la *Revue nationale et étrangère* commence la publication d'une dernière série de *Petits Poëmes en prose*.

Banville : *Les Exilés*.
Meilhac et Halévy : *La Vie parisienne*.
Zola : *Thérèse Raquin*.
Karl Marx : *Le Capital*.

1868 Décembre : La maison Lévy publie les premiers tomes des *Œuvres complètes* de Baudelaire. Préface de Théophile Gautier. Cette édition a été préparée par Asselineau et Banville. Elle comprendra sept volumes et sera achevée en 1870. Plusieurs réimpressions jusqu'en 1917, date à laquelle les œuvres de Baudelaire tombent dans le domaine public.

Isidore Ducasse : *Les Chants de Maldoror*, chant I.

1869 Première biographie de Baudelaire par son ami Asselineau (chez Lemerre, l'éditeur du *Parnasse*).

Banville : *Nouvelles odes funambulesques.*
Verlaine : *Fêtes galantes.*
Flaubert : *L'Éducation sentimentale.*

1870 Nadar aperçoit pour la dernière fois Jeanne Duval, qui se traîne, appuyée sur des béquilles.

1871 16 août : Mort de Mme Aupick.

Lautréamont : *Poésies.*

1872 Publication, par quelques amis du poète, d'un volume : *Charles Baudelaire : Souvenirs, Correspondances, Bibliographie* (chez René Pincebourde, le successeur de Poulet-Malassis).

1887 Publication, par Eugène Crépet, des *Œuvres posthumes et Correspondances inédites;* ce volume contient, parmi d'autres textes inédits, *Fusées* et *Mon cœur mis à nu.*

1890 Mort de Mme Sabatier.

1891 Mort de Marie Daubrun.

1906 Publication du *Baudelaire* de Jacques Crépet et d'un volume de *Lettres (1841-1866)*, réunies par Jacques Crépet et Féli Gautier.

1917 Les œuvres de Baudelaire tombent dans le domaine public.

NOTICE

Texte et variantes

Deux livres de Baudelaire seulement ont vu le jour du vivant de leur auteur : *Les Fleurs du Mal* et *Les Paradis artificiels*. Les *Petits Poëmes en prose* n'ont été réunis en volume qu'après sa mort. Leur sort est comparable à celui d'autres recueils posthumes, tels *L'Art romantique* et *Curiosités esthétiques*; mais il n'est pas tout à fait le même.

Durant les dernières années de sa vie, Baudelaire a plusieurs fois songé à une édition de ses œuvres complètes qui lui aurait permis de rassembler aussi bien les *Poëmes en prose* que les textes de critique artistique et littéraire. Toutefois, les forces lui manquèrent pour exécuter un projet auquel les éditeurs ne s'intéressaient guère. Ce furent Asselineau et Banville qui le réalisèrent, en publiant l'édition dite « définitive » des œuvres de Baudelaire chez Michel Lévy frères (1868-1870). Ils disposèrent pour leur travail d'éléments et d'indications laissés par Baudelaire. Les données concernant les articles de critique littéraire et artistique étaient fort incomplètes et le parti qu'en ont tiré Asselineau et Banville est contestable. C'est pourquoi les éditeurs modernes rejettent les assemblages de textes publiés sous le titre d'*Art romantique* et de *Curiosités esthétiques*; comme ils rejettent la version des *Fleurs du Mal* publiée dans le cadre de cette édition. En revanche, l'édition « définitive » mérite de conserver son autorité dans le domaine des *Petits Poëmes en prose*, à la fois pour le contenu du recueil et pour le texte des différents poèmes, même si cette autorité doit être contestée sur des points de détail.

L'ensemble du recueil, tel qu'il a été composé par Asselineau et Banville, correspond à un sommaire autographe établi par Baudelaire vers 1865. Ce document, qui ne porte pas de titre collectif, est conservé à la Bibliothèque littéraire Jacques Doucet; il énumère les cinquante poèmes dans l'ordre suivi par les éditeurs posthumes. Manquent la *Dédicace* à Arsène Houssaye et l'*Épilogue* en vers : celui-ci n'appartient pas aux *Poëmes en prose*, mais aux *Fleurs du Mal;* celle-là n'aurait peut-être pas été conservée sous la forme que nous lui connaissons (voir les commentaires respectifs).

Pour établir le texte des différents poèmes, Asselineau et Banville n'ont pas seulement disposé des versions préoriginales parues en revue, mais d'un dossier constitué par Baudelaire en vue d'une éventuelle publication des *Petits Poëmes* en volume. Ce dossier contenait notamment les quatre feuilletons de *La Presse*, corrigés par la main de Baudelaire. Seuls les trois premiers de ces feuilletons avaient paru; le quatrième, supprimé par Arsène Houssaye, était resté à l'état d'épreuve.

Ainsi, c'est bien l'édition « définitive », appelée *Édition posthume*, qu'il convient d'adopter comme texte de base. Pour chaque poème, on trouvera d'abord, dans l'ordre chronologique, les différents états du texte, puis un choix restreint de variantes significatives, établies par rapport au texte de 1869.

Commentaires

Ils comportent, en principe, deux parties : généralités (genèse du poème, thématique, rapprochements); annotation de détail (expressions, allusions, images).

A remarquer : aucun des rapprochements avec d'autres œuvres ne prétend dénoncer une « source » de Baudelaire, à moins qu'il ne s'agisse d'un emprunt nettement identifié, comme c'est le cas pour le sujet des *Vocations* ou pour un passage des *Bons Chiens*. On a voulu se placer dans une perspective thématique : ce n'est pas la « source » de telle ou telle image qui importe, mais le « courant » auquel elle appartient.

Ce genre de recherches a été dicté par la nature même des *Petits Poëmes en prose :* poèmes prosaïques bien plus que proses poétiques, ces textes tirent leur symbolisme d'une mythologie quotidienne qu'il convenait de mettre à jour dans la mesure du possible.

NOTES ET VARIANTES

PETITS POËMES EN PROSE

Page 21.   A ARSÈNE HOUSSAYE

La Presse, 26 août 1862.
Coupure de *La Presse*; sans correction.

Un premier germe de cette dédicace se trouve dans la lettre adressée à Arsène Houssaye et portant la date « Noël. 1861 » :

Vous qui, avec l'air inoccupé, savez si bien remplir une journée, trouvez quelques instants pour parcourir ce spécimen de poëmes en prose que je vous envoie. Je fais une longue tentative de cette espèce, et j'ai l'intention de vous la dédier. A la fin du mois je vous remettrai tout ce qu'il y aura de fait (un titre comme : *le Promeneur solitaire*, ou *le Rôdeur parisien* vaudrait mieux peut-être). Vous serez indulgent, car vous avez fait aussi quelques tentatives de ce genre, et vous savez combien c'est difficile, particulièrement pour éviter d'avoir l'air de montrer le plan d'une chose à mettre en vers.

[..]

Le bon côté de ce travail est qu'on peut le couper où l'on veut. J'ai dans l'idée qu'Hetzel y trouvera la matière d'un volume romantique à images.

Mon point de départ a été *Gaspard de la Nuit* d'Aloysius Bertrand, que vous connaissez sans aucun doute; mais j'ai bien vite senti que je ne pouvais pas persévérer dans ce pastiche et que l'œuvre était inimitable. Je me suis résigné à être moi-même. Pourvu que je sois amusant, vous serez content, n'est-ce pas?

Il y a déjà quelque temps que je voulais vous offrir ce petit

volume, et j'apprends que vous opérez un miracle, ou du moins
que vous voulez l'opérer, en rajeunissant *l'Artiste*. Ce serait bien
beau ; ça *nous* rajeunirait nous-mêmes.

Ces idées seront reprises et développées dans un canevas
qui figure dans le *Carnet* de Baudelaire :

	Les dons des fées.
A Houssaye.	Le gâteau.

Le titre.
La dédicace.
à Cat [*biffé*]
Sans queue ni tête. Tout queue et tête.
Commode pour moi. Commode pour vous. Commode pour le
Lecteur. Nous pouvons tous couper où nous voulons, moi ma
rêverie, vous le manuscrit, le lecteur sa lecture. Et je ne suspends
pas la volonté rétive au fil interminable d'une intrigue superflue.
J'ai cherché des titres. Les 66. Quoique cependant cet ouvrage
tenant de la vis et du kaléidoscope pourrait [*biffé*] put [*sic*] bien
être poussé jusqu'au cabalistique 666 et même 6666...
Qu'on me sache [*biffé*]
Cela vaut [*biffé*] Cela vaut mieux qu'une intrigue de 6 000 pages.
Qu'on me sache donc gré de ma modération.
Quel est celui de nous qui n'a pas rêvé une prose particulière
et poétique pour traduire les mouvements lyriques de l'esprit,
les ondulations de la rêverie, et les soubresauts de la conscience?
Mon point de départ a été Aloysius Bertrand. Ce qu'il avait fait
pour la vie ancienne et pittoresque, je voulais le faire pour la vie
moderne et abstraite. Et puis dès le principe, [je me suis aperçu]
que je faisais AUTRE chose que ce que je voulais imiter. Ce dont un
autre s'enorgueillirait, mais qui m'humilie, moi qui crois que le
poëte doit toujours faire juste ce qu'il veut faire.

Note sur le mot célèbre.
Enfin, petits tronçons
tout le serpent.

A Catrin
La signature
La suite prochainement.

18
55
90
90
990

Proche déjà du texte publié par *La Presse*, ce canevas
diffère néanmoins de celui-ci sur un point important :
il n'y est pas encore question du rôle que joue « la fréquen-
tation des villes énormes » dans l'inspiration des poèmes

en prose. Baudelaire aurait-il maintenu cette dédicace
qui accentue l'aspect parisien d'un recueil dont nombre
de pièces n'ont rien d'urbain? On peut en douter. Elle est
mieux justifiée, toutefois, en tête des poèmes destinés
à *La Presse* qui offrent le plus grand nombre de textes
directement rattachés à l'épopée de la capitale.

l. 1-18 : *tête, queue, tronçons, serpent.* — A la différence
des *Fleurs du Mal* les *Poëmes en prose* ne sont pas disposés
selon une certaine « architecture » (mot lancé par Barbey
d'Aurevilly). A la manière des feuilletonistes, Baudelaire
consent à couper son œuvre en « tronçons de serpent »
(selon le « mot célèbre » de Henri de Latouche, auquel fait
allusion le canevas de la dédicace).

l. 19-21 : *Gaspard de la Nuit.* — Recueil posthume,
publié en 1842, un an après la mort de Bertrand, par David
d'Angers et Victor Pavie, préfacé par Sainte-Beuve.
« Un des plus grands désastres de la librairie », selon Pavie.
Vingt ans après, Bertrand n'était même pas un *nom*.
Fortuné Calmels lui consacrait un article de la série
« Les Oubliés du XIXe siècle » (*Revue fantaisiste*, 15 octobre
1861). Baudelaire a certainement lu ce texte suivi d'extraits :
il devait se rappeler qu'il avait été, selon le témoignage
de Prarond, parmi les tout premiers lecteurs de *Gaspard
de la Nuit.* Toutefois, l'influence de cette œuvre sur les
Poëmes en prose est minime.

l. 40-41 : *La Chanson du Vitrier.* — Ce morceau fort
plat à tendances humanitaires figure dans les *Poésies
complètes* d'A. Houssaye (1850) : l'auteur a rencontré
un vitrier qui a le ventre vide pour n'avoir pas réussi
à vendre un seul de ses carreaux ce jour-là ; il l'emmène
au cabaret voisin, et le pauvre hère en sort réconforté,
parce qu'il a trinqué non pas avec la Charité, mais avec
la Fraternité. Houssaye ne semble pas avoir relevé l'ironie
de cette dédicace.

Page 23.   I. L'ÉTRANGER

La Presse, 26 août 1862 (P).

Coupure de *La Presse*. Corrections manuscrites de

Baudelaire qui rendent le texte identique à celui de l'*Édition posthume*.

l. 2 : P : dis? *tes parents*, ta sœur
l. 3 : P : ni *parents*, ni sœur
l. 11 : P : L'*argent?*

Ce poème peut être rapproché des nombreux textes où Baudelaire se dit étranger au monde, de *Mon cœur mis à nu*, par exemple, dont il écrit à sa mère, le 3 juin 1863 : « tout en racontant mon éducation, la manière dont se sont façonnés mes idées et mes sentiments, je veux faire sentir que je me sens comme étranger au monde et à ses cultes ». On connaît cette note de *Mon cœur mis à nu ;* elle est à peu près contemporaine de *L'Étranger* : « Sentiment de *solitude*, dès mon enfance. Malgré la famille, — et au milieu des camarades surtout, — sentiment de destinée éternellement solitaire. »

La solitude, Baudelaire la recherche autant qu'il en souffre : « L'homme de génie veut être *un*, donc solitaire » *(Mon cœur mis à nu)*. Attitude ambivalente, superstition de la différence qui ne se comprend pas, d'ailleurs, sans une référence au mal romantique de l'Homme Supérieur.

l. 11 : *L'or?* — Même mépris pour la richesse dans *Les Veuves*, dans *Les Yeux des Pauvres* et, nuancé d'une secrète envie, dans *Les Tentations*.

l. 16 : *les merveilleux nuages !* — C'est en 1859 que Baudelaire fit à Honfleur la connaissance de Boudin (« le roi des ciels », comme l'appelait Corot), dont il célébrait, dans le *Salon* de la même année, les pastels, qu'il avait vus dans l'atelier du peintre :

A la fin tous ces nuages aux formes fantastiques et lumineuses, ces ténèbres chaotiques, ces immensités vertes et roses, suspendues et ajoutées les unes aux autres, ces fournaises béantes, ces firmaments de satin noir ou violet, fripé, roulé ou déchiré, ces horizons en deuil ou ruisselant de métal fondu, toutes ces profondeurs, toutes ces splendeurs, me montèrent au cerveau comme une boisson capiteuse ou comme l'éloquence de l'opium. Chose curieuse, il ne m'arriva pas une seule fois, devant ces magies liquides ou aériennes, de me plaindre de l'absence de l'homme.

Page 24. II. LE DÉSESPOIR DE LA VIEILLE

La Presse, 26 août 1862.
Coupure de *La Presse*. Sans correction.

A comparer, dans les *Poëmes en prose*, aux *Veuves* et aux *Fenêtres ;* dans *Les Fleurs du Mal*, aux *Petites Vieilles*.

On connaît l'élan de sympathie et de charité qui a porté Baudelaire vers la vieille femme, « l'être sans sexe, qui a le grand mérite — comme il l'écrit dans *Pauvre Belgique* — d'attendrir l'esprit sans émouvoir les sens » et qui ne porte plus sur son visage « toute la laideur et toute la sottise dont la jeune a été marquée dans le ventre maternel ».

Page 25. III. LE *CONFITEOR* DE L'ARTISTE

La Presse, 26 août 1862.
Coupure de *La Presse*. Sans correction.

La figure de l'artiste et les problèmes d'esthétique occupent une place importante dans les poèmes en prose. Plusieurs pièces sont consacrées à la condition de l'artiste *(Le Chien et le Flacon, Le Vieux Saltimbanque, Une mort héroïque)* ou à l'attitude de celui-ci en face de la Beauté *(Le « Confiteor », Le Fou et la Vénus)*. La présente Confession résume l'art poétique de Baudelaire, qui sera complété par *Le Thyrse ;* aussi chacune des images et des expressions employées trouve-t-elle son prolongement dans d'autres œuvres.

l. 1 : *journées d'automne.* — Cf., dans *Les Fleurs du Mal, Ciel brouillé, Chant d'Automne, Sonnet d'Automne.*

l. 5 : *l'Infini.* — Cf. le premier chapitre des *Paradis artificiels*, « Le Goût de l'Infini ».

l. 11-12 : *toutes ces choses pensent par moi, ou je pense par elles.* — Cf. l'identification au monde extérieur décrite dans *La Chambre double* et dans mainte page des *Paradis artificiels*. C'est le même sentiment d'extase que Rousseau décrit dans la deuxième des *Rêveries du Promeneur solitaire.*

Baudelaire a connu cet état durant les « beaux jours de
l'esprit » que représente, par exemple, la peinture de Dela-
croix, ou la poésie de Banville. Moments si rares que
l'artiste a fini par les demander aux médecines du Diable.
Or, le seul « miracle dont Dieu nous ait octroyé la jouis-
sance », est-il dit dans les *Paradis artificiels*, c'est le « travail
successif et la contemplation », entendons : la poésie,
ainsi définie dans *L'Art philosophique* : « Qu'est-ce que
l'art pur suivant la conception moderne? C'est créer une
magie suggestive contenant à la fois l'objet et le sujet,
le monde extérieur à l'artiste et l'artiste lui-même. »

Page 27.   IV. UN PLAISANT

La Presse, 26 août 1862.
Coupure de *La Presse*. Sans correction.

Incident observé ou imaginé dans les rues de la capitale
en fête, à rapprocher de la *Femme sauvage*, du *Vieux
Saltimbanque*.

l. 21 : *l'esprit de la France.* — Cf. les nombreux textes
où Baudelaire, surtout à partir de 1860, dénonce la vanité
des Français, leur sottise, leur indigence en matière poéti-
que. « Je ne me rassasierai jamais d'insulter la France »,
écrit le poète à sa mère, le 11 octobre 1861, à propos de la
préface des *Fleurs du Mal*, dont un des projets commence
par la phrase : « La France traverse une phase de vulgarité.
Paris, centre et rayonnement de la bêtise universelle. »

Page 28.   V. LA CHAMBRE DOUBLE

La Presse, 26 août 1862.
Coupure de *La Presse*. Sans correction.

La première partie de ce poème évoque une de ces
« habitations imaginaires » (Poe) que décrit également *Rêve
parisien*. Les deux pièces, dont la structure est identique,
ont été conçues sous l'influence de la drogue : la rêverie
provoquée par l'intoxication et suivie d'une chute dans

la réalité, marquée par la réapparition du temps. Il convient donc de rapprocher *La Chambre double* des *Paradis artificiels* ainsi que des poèmes exprimant l'extase de la vie suffisante, comme *Le « Confiteor » de l'artiste, Le Fou et la Vénus, Le Gâteau.*

l. 2 : *une chambre véritablement spirituelle.* — La rêverie de Baudelaire est « surnaturaliste » et non pas « naturaliste », comme celle de Rousseau. Il n'empêche qu'elle est proche de celles du *Promeneur solitaire.* Baudelaire a lui-même esquissé ce rapprochement dans le *Poème du Haschisch* (ch. iv) : il y reproche à Jean-Jacques de s'être « enivré sans haschisch ».

l. 58 : *la Sylphide.* — Allusion aux *Mémoires d'outre-tombe.* Baudelaire vénérait Chateaubriand, au même titre que La Bruyère, Buffon et Gautier, comme un des grands maîtres en matière de langue et de style. Chateaubriand, Alphonse Rabbe et Poe représentent, comme il l'écrit dans *Fusées,* « la note éternelle, le style éternel et cosmopolite ».

Page 31.   VI. CHACUN SA CHIMÈRE

La Presse, 26 août 1862.
Coupure de *La Presse.* Corrections manuscrites de Baudelaire qui rendent le texte identique à celui de l'*Édition posthume.*

Titre : P : Chacun *la sienne.*

Il n'est pas impossible que ce poème ait été inspiré à Baudelaire par un *Caprice* de Goya (« Tu que no puedes »), représentant deux hommes portant des ânes monstrueux à tête demi-humaine.

Page 33.   VII. LE FOU ET LA VÉNUS

La Presse, 26 août 1862.
Coupure de *La Presse.* Sans correction.

Le paysage extatique de la première partie du poème rappelle les sites évoqués dans *Le « Confiteor »*, *Le Gâteau*, *L'Invitation au voyage*. La seconde partie rejoint, par la figure du bouffon, *Le Vieux Saltimbanque* et *Une mort héroïque ;* elle peut également être rapprochée de *La Beauté* des *Fleurs du Mal*.

Page 35. VIII. LE CHIEN ET LE FLACON

La Presse, 26 août 1862.
Coupure de *La Presse*. Sans correction.

Poème allégorique, reprenant le thème maintes fois traité en vers et en prose, du divorce entre l'artiste et le public. « Les nations n'ont de grands hommes que malgré elles, — comme les familles », écrit Baudelaire au début de *Fusées*. Tout ce qui tend vers n'importe quel genre de perfection est condamné à l'impopularité. Il n'est pas seul à avoir fait cette expérience : Poe, Leconte de Lisle, Gautier — et Baudelaire y insiste dans les études qu'il leur a consacrées — ont déjà dû constater que « le génie est un reproche et une insulte pour la foule ».

Pour devenir populaire, ne faut-il pas se montrer populacier? A la fin du premier projet de préface aux *Fleurs du Mal*, Baudelaire a noté : « J'avais mis quelques ordures pour plaire à MM. les journalistes. Ils se sont montrés ingrats. » Et dans *Mon cœur mis à nu* : « Le Français est un animal de race latine; l'ordure ne lui déplaît pas dans son domicile, et en littérature il est scatophage. Il raffole des excréments. Les littérateurs d'estaminet appellent cela le *sel gaulois*. » Les deux remarques datent à peu près de la même époque que *Le Chien et le Flacon*.

Page 36.   IX. LE MAUVAIS VITRIER

La Presse, 26 août 1862.
Coupure de *La Presse*. Sans correction.

Pièce qui a fortement contribué à la légende de Baudelaire : il n'était pas rare que l'on identifiât le poète avec le narrateur de cette fable. « On m'a attribué tous les crimes que je racontais », notait Baudelaire dans les *Projets de préface* aux *Fleurs du Mal*. Et d'ajouter : « Divertissement de la haine et du mépris ». Car il lui arrivait de se calomnier lui-même pour se plaindre ensuite de sa mauvaise réputation.

Pour Sartre qui, dans son *Baudelaire*, cite plusieurs passages de ce poème, *Le Mauvais Vitrier* illustre « deux rites essentiels du dandysme » : « la mystification » et « les actes gratuits ». Mais ce n'est pas Baudelaire qui est à l'origine de ses propres gestes, il les accomplit sous l'impulsion d'influences extérieures et maudites. « Peu importe au fond qu'il attribue ses actes au Diable ou à l'Hystérie; l'essentiel c'est qu'il n'en soit pas la cause mais la victime. Après cela, notons qu'il a, comme de coutume, laissé une porte ouverte : il ne croit pas au Diable. »

L'auteur du *Flaubert* aurait pu mentionner à l'appui de ses dires la lettre que Baudelaire, le 25 juin 1860, avait écrite à l'ermite de Croisset en réponse aux réticences formulées par ce dernier à l'égard de « l'*Esprit du Mal* » et du « levain de catholicisme » qu'il sentait affleurer dans les *Paradis artificiels* : « J'ai été frappé de votre observation, et étant descendu très sévèrement dans le souvenir de mes rêveries, je me suis aperçu que, de tout temps, j'ai été obsédé par l'impossibilité de me rendre compte de certaines actions ou pensées soudaines de l'homme, sans l'hypothèse de l'intervention d'une force méchante, extérieure à lui. Voilà un gros aveu dont tout le XIXᵉ siècle conjuré ne me fera pas rougir. »

Page 40.   X. A UNE HEURE DU MATIN

La Presse, 27 août 1862.
Coupure de *La Presse*. Sans correction.

Baudelaire avait le goût des examens de conscience; il lui venait de son éducation catholique et fut confirmé par la lecture de plusieurs de ses auteurs favoris : Joseph de Maistre, Alphonse Rabbe, Sainte-Beuve, Joubert.

Ce poème peut être rapproché de *La Fin de la Journée,* publié dans la deuxième édition des *Fleurs du Mal* (1861) et de *L'Examen de Minuit,* inséré dans *Le Boulevard,* le 1er février 1863. Cette dernière pièce reprend, sur un ton plus ironique, le sujet du poème en prose.

l. 4 : *tyrannie de la face humaine.* — Expression que Baudelaire doit à De Quincey; elle se retrouve plusieurs fois dans les *Confessions d'un mangeur d'opium.*

l. 23 : *des gants.* — « Beaucoup d'amis, beaucoup de gants, — de peur de la gale », lit-on dans *Fusées.*

l. 45 : *accordez-moi la grâce.* — A rapprocher des prières qui concluent *Le Joueur généreux* et *Mademoiselle Bistouri.*

Page 42.   XI. LA FEMME SAUVAGE
              ET LA PETITE-MAÎTRESSE

La Presse, 27 août 1862.
Coupure de *La Presse.* Sans correction.

Comme pour *Les Tentations, La Belle Dorothée* et, peut-être, *Le Joueur généreux,* Baudelaire s'était d'abord proposé de traiter ce sujet en vers. Ces pièces, dont il est souvent question dans la correspondance entre décembre 1859 et juillet 1860, auraient dû entrer dans la deuxième édition des *Fleurs du Mal,* projet qui fut abandonné, faute de temps. Il ne faudrait pas en déduire, comme le font des critiques malveillants, que les poèmes en prose ne seraient que les canevas de poèmes auxquels Baudelaire n'aurait pas réussi à donner une forme, lui qui voulait avant tout « éviter d'avoir l'air de montrer le plan d'une chose à mettre en vers » (lettre à Houssaye, Noël 1861).

La Femme sauvage évoque un de ces spectacles de foire auxquels Baudelaire aime à conférer une signification symbolique. Quant au personnage de la femme sauvage, il était fort répandu à l'époque. Aussi figure-t-il presque obligatoirement dans des recueils tel *Paris, ou le livre des cent-et-un* (1831) et sur la scène du Vaudeville (voir *Les Saltimbanques* de Dumersan et de Varin, créés en 1838 et repris durant près d'un quart de siècle).

l. 73 : *le soliveau.* — Allusion à la fable de La Fontaine, *Les Grenouilles qui demandent un roi.*

Page 45.   XII. LES FOULES

Revue fantaisiste, 1ᵉʳ novembre 1861 (RF).
La Presse, 27 août 1862.
Coupure de *La Presse.* Sans correction.

l. 8 : RF : poëte *au cerveau* actif.

La jouissance que l'artiste tire de sa communion avec la foule est un thème fréquent chez Baudelaire (voir les *Tableaux parisiens, Le Peintre de la vie moderne, Les Veuves, Le Vieux Saltimbanque*). Ce goût du « bain de multitude », le poète le retrouve chez plusieurs de ses auteurs et artistes favoris : Poe, Guys, De Quincey, Balzac, Hoffmann.

Proche de ce poème, *L'Homme des Foules* de Poe, que Baudelaire admirait particulièrement. Il s'y réfère maintes fois, ainsi dans *Le Peintre de la vie moderne* (ch. III) :

Vous souvenez-vous d'un tableau (en vérité, c'est un tableau !) écrit par la plus puissante plume de cette époque, et qui a pour titre *L'Homme des foules?* Derrière la vitre d'un café, un convalescent, contemplant la foule avec jouissance, se mêle par la pensée, à toutes les pensées qui s'agitent autour de lui. Revenu récemment des ombres de la mort, il aspire avec délices tous les germes et tous les effluves de la vie; comme il a été sur le point de tout oublier, il se souvient et veut avec ardeur se souvenir de tout. Finalement, il se précipite à travers cette foule à la recherche d'un inconnu dont la physionomie entrevue l'a, en un clin d'œil, fasciné. La curiosité est devenue une passion fatale, irrésistible !

Supposez un artiste qui serait toujours, spirituellement, à l'état du convalescent, et vous aurez la clef du caractère de M.G. [...]

La foule est son domaine, comme l'air est celui de l'oiseau, comme l'eau celui du poisson. Sa passion et sa profession, c'est d'*épouser la foule.* Pour le parfait flâneur, pour l'observateur passionné, c'est une immense jouissance que d'élire domicile dans le nombre, dans l'ondoyant, dans le mouvement, dans le fugitif et l'infini. Etre hors de chez soi, et pourtant se sentir partout chez soi; voir le monde, être au centre du monde et rester caché au monde, tels sont quelques-uns des moindres plaisirs de ces esprits indépendants, passionnés, impartiaux, que la langue ne peut que maladroitement définir. L'observateur est un *prince* qui jouit partout de son incognito. L'amateur de la vie fait du monde sa famille, comme l'amateur du beau sexe compose sa famille de toutes les beautés trouvées, trouvables et introuvables; comme l'amateur de tableaux vit dans une société enchantée de rêves peints sur toile. Ainsi l'amoureux de la vie universelle entre dans la foule comme dans un immense réservoir d'électricité. On peut aussi le comparer, lui, à un miroir aussi immense que cette foule; à un kaléidoscope doué de conscience, qui, à chacun de ses mouvements, représente la vie multiple et la grâce mouvante de tous les éléments de la vie. C'est un *moi* insatiable du *non-moi*, qui, à chaque instant, le rend et l'exprime en images plus vivantes que la vie elle-même, toujours instable et fugitive. « Tout homme », disait un jour M.G. dans une de ces conversations qu'il illumine d'un regard intense et d'un geste évocateur, « tout homme qui n'est pas accablé par un de ces chagrins d'une nature trop positive pour ne pas absorber toutes les facultés, et *qui s'ennuie au sein de la multitude*, est un sot! un sot! et je le méprise! »

Parmi les autres textes susceptibles d'être rapprochés du poème de Baudelaire, un conte de Balzac, *Facino Cane* :

Une seule passion m'entraînait en dehors de mes habitudes studieuses; mais, n'était-ce pas encore l'étude? J'allais observer les mœurs du faubourg, ses habitants et leurs caractères. Aussi mal vêtu que les ouvriers, indifférent au décorum, je ne les mettais point en garde contre moi; je pouvais me mêler à leurs groupes, les voir concluant leurs marchés, et se disputant à l'heure où ils quittent le travail. Chez moi l'observation était déjà devenue intuitive, elle pénétrait l'âme sans négliger le corps; ou plutôt elle saisissait si bien les détails extérieurs, qu'elle allait sur-le-champ au delà; elle me donnait la faculté de vivre la vie de l'individu sur laquelle elle s'exerçait, en me permettant de me substituer à lui comme le derviche des *Mille et une Nuits* prenait le corps et l'âme des personnes sur lesquelles il prononçait certaines paroles. [...] En entendant ces gens, je pouvais épouser leur vie, je me sentais leurs guenilles sur le dos, je marchais les pieds dans leurs souliers; leurs désirs, leurs besoins, tout passait dans mon âme, ou mon âme passait dans la leur. C'était le rêve d'un homme éveillé. [...] Quitter ses habitudes, devenir un autre que soi par l'ivresse des facultés morales, et jouer ce jeu à volonté, telle était ma distraction.

l. 6 : *la haine du domicile*. — Voir *Mon cœur mis à nu* : « Étude de la grande maladie de l'horreur du domicile. Raisons de la maladie. Accroissement progressif de la maladie. »

l. 28 : *cette sainte prostitution de l'âme*. — Le terme « prostitution » est ambivalent chez Baudelaire. Comparer ces notes de *Fusées* :

L'amour, c'est le goût de la prostitution. Il n'est même pas de plaisir noble qui ne puisse être ramené à la Prostitution.

Dans un spectacle, dans un bal, chacun jouit de tous.

Qu'est-ce que l'art? Prostitution.

Le plaisir d'être dans les foules est une expression mystérieuse de la jouissance de la multiplication du nombre.

Tout est nombre. Le nombre est dans *tout*. Le nombre est dans l'individu. L'ivresse est un nombre.

Page 47. XIII. LES VEUVES

Revue fantaisiste, 1ᵉʳ novembre 1861 (RF).

La Presse, 27 août 1862.

Coupure de *La Presse*. Sans correction.

l. 35-36 : RF : et la plus *désolante à voir*, celle

l. 77-78 : RF : excepté cette tourbe

Ce poème reprend le thème des *Petites Vieilles* dans les *Tableaux parisiens*. A rapprocher aussi du *Désespoir de la Vieille* et des *Fenêtres*. On trouve un premier projet de cette pièce dans les *Plans et Notes* : « La Grande Veuve mélancolique devant le jardin de Musard. »

l. 1 : *Vauvenargues dit.* — Il s'agit, dans l'édition D.-L. Gilbert des *Œuvres* (1857), de la quarantième des *Réflexions sur divers sujets* :

SUR LES MISÈRES CACHÉES

La terre est couverte d'esprits inquiets que la rigueur de leur condition et le désir de changer leur fortune tourmentent inexorablement jusqu'à la mort. Le tumulte du monde empêche qu'on ne réfléchisse sur ces tentations secrètes qui font franchir aux hommes les barrières de la vertu. Pour moi, je n'entre jamais au Luxembourg, ou dans les autres jardins publics, que je n'y sois environné de toutes les misères sourdes qui accablent les hommes, et que divers objets ne m'avertissent et ne me parlent de calamités que j'ignore. Tandis que, dans la grande allée, se presse et se heurte une foule d'hommes et de femmes sans passions, je rencontre, dans les allées détournées, des misérables qui fuient la vue des heureux, des vieillards qui cachent la honte de leur pauvreté, des jeunes gens que l'erreur de la gloire entretient à l'écart de ses chimères, des femmes que la loi de la nécessité condamne à l'opprobre, des ambitieux qui concertent peut-être des témérités inutiles pour sortir de l'obscurité. Il me semble alors que je vois autour de moi toutes les passions qui se promènent, et mon âme s'afflige et se trouble à la vue de ces infortunés, mais, en même temps, se plaît dans leur compagnie séditieuse. Je voudrais quelquefois aborder ces solitaires, pour leur donner mes consolations; mais ils craignent d'être arrachés à leurs pensées, et ils se détournent de moi : le plaisir et la société n'ont plus de charmes pour ceux que l'illusion de la gloire asservit; la joie et le rire ne font que passer sur leurs lèvres. Je plains ces misères cachées, que la crainte d'être connues rend plus pesantes; je veux, si je puis, fuir le vice, et fermer mon cœur aux promesses des passions injustes; mais il y avait de la dureté à n'être pas touché de la faiblesse de tant d'hommes qui, sans les malheurs de leur vie, auraient pu chérir la vertu, et achever leurs jours dans l'innocence.

l. 39-40 : *suivre... une vieille affligée.* — Cf. *Les Petites Vieilles* (v. 49) : « Ah! j'en ai suivi de ces petites vieilles. » Dans les plans de romans et de nouvelles, on trouve cette note : « Une petite vieille qu'on suit », et dans *Pauvre Belgique* Baudelaire exprime le « vœu d'aller voir si la petite vieille est au bord du canal ».

Page 51. XIV. LE VIEUX SALTIMBANQUE

Revue fantaisiste, 1ᵉʳ novembre 1861 (RF).
La Presse, 27 août 1862.
Coupure de *La Presse*. Sans correction.

l. 6 : RF : pour *réparer* les
l. 8-9 : RF : il *se fait l'égal des* enfants
l. 40 : RF : *jupes*

Au temps du romantisme, la figure du saltimbanque connut une vogue considérable; il a été popularisé par le vaudeville aussi bien que par les gravures de Daumier. Mais alors que le bouffon traditionnel n'était qu'une parole en liberté, le bouffon romantique est devenu un héros, le double imaginaire et le symbole de l'artiste. Vers le milieu du xixᵉ siècle, ce thème était devenu un lieu commun, qu'exploita surtout Banville. Parmi les textes proches du poème de Baudelaire, ce passage des *Pauvres Saltimbanques* (1853) :

Les pauvres saltimbanques avaient épuisé tout ce qu'ils savaient, la foule s'était dispersée; on ne leur avait rien donné; ils pleuraient. [...]
Voilà l'histoire que je viens d'imaginer, symbole de la vie des artistes.
Et ce n'est pas sans raison que j'intitule comme ce conte poi-

gnant le petit livre dans lequel j'ai voulu mettre quelque chose
de nos grandeurs, de nos misères et de nos rêveries.

Saltimbanques, et pauvres saltimbanques en effet, ces poètes
inspirés, ces comédiens ivres de passion, ces voix éloquentes, ces
joueurs de violon et ces joueurs de lyre, ces marionnettes de génie
qui ont pour état de pleurer d'abord, comme le veut Horace,
et après de faire pleurer la foule et de la faire rire! Car s'il vous plaît,
qu'est-ce que le saltimbanque, sinon un artiste indépendant et
libre qui fait des prodiges pour gagner son pain quotidien, qui
chante au soleil et danse sous les étoiles sans l'espoir d'arriver
à aucune académie?

Page 54.   XV. LE GÂTEAU

La Presse, 24 septembre 1862.

A rapprocher, pour le cadre, d'un poème de jeunesse,
Incompatibilité, qui a été inspiré à Baudelaire par un voyage
entrepris avec ses parents en septembre 1838 dans les
Pyrénées.

Même extase de la vie suffisante dans *Le « Confiteor »* de
l'Artiste, *La Chambre double*, *Le Fou et la Vénus*.

Page 57.   XVI. L'HORLOGE

Le Présent, 24 août 1857 (PR).
Revue fantaisiste, 1er novembre 1861 (RF).
La Presse, 24 septembre 1862

l. 1. PR : chats; — *moi aussi.*
l. 2. PR : un missionnaire *qui se promenait* dans
l. 11. PR : [note accrochée à *vrai* :] *En supposant une
mémoire parfaite ou au moins très-exercée, il n'est pas diffi-
cile de comprendre comment on peut deviner l'heure dans
l'œil d'un animal dont la pupille est très-sensible à la lumière.*
l. 12-14 : PR : Pour moi, *quand je prends dans mes bras
mon bon chat, mon cher chat,* qui est à la fois l'honneur de
sa race, l'orgueil de mon cœur; RF : Pour moi, *quand je
prends dans mes bras ce chat extraordinaire,* qui est à la fois
l'honneur de *sa race* et l'orgueil de mon cœur
l. 16 : PR : ombre *parfaite*
l. 25 : PR : cet *aimable* cadran

l. 30 : PR : l'heure, *imbécile?*

l. 31 : PR, RF : [le poème se termine par cette réplique.]

La source de ce poème se trouve dans le fameux ouvrage du père Evariste Régis Huc, *L'Empire chinois* [1854, t. II, p. 329-330] :

Un jour que nous allions visiter quelques familles chrétiennes de cultivateurs, nous rencontrâmes, tout près d'une ferme, un jeune Chinois qui faisait paître un buffle, le long d'un sentier. Nous lui demandâmes en passant et par désœuvrement, s'il n'était pas encore midi. L'enfant leva la tête, et, comme le soleil était caché derrière d'épais nuages, il ne put y lire sa réponse. — Le ciel n'est pas clair, nous dit-il, mais attendez un instant... A ces mots il s'élance vers la ferme et revient quelques minutes après, portant un chat sous le bras. — Il n'est pas encore midi, dit-il, tenez, voyez... En disant cela, il nous montrait l'œil du chat dont il écartait les paupières avec ses deux mains. Nous regardâmes d'abord l'enfant, il était d'un sérieux admirable ; puis le chat qui, quoique étonné et peu satisfait de l'expérience qu'on faisait sur son œil, était néanmoins d'une complaisance exemplaire. — C'est bien, dîmes-nous à l'enfant ; il n'est pas encore midi, merci. Le jeune Chinois lâcha le chat, qui se sauva au grand galop, et nous continuâmes notre route.

Pour vrai dire, nous n'avions pas compris grand-chose à cette nouvelle méthode de connaître les heures ; mais nous ne voulûmes pas questionner ce petit païen, de peur que, à notre ignorance, il ne s'avisât de soupçonner que nous étions Européens. Aussitôt que nous fûmes arrivés dans une maison de chrétiens, nous n'eûmes rien de plus pressé que de leur demander s'ils savaient voir l'heure qu'il était dans les yeux des chats. Ils ne s'attendaient guère à une semblable question. Aussi furent-ils un peu déconcertés ; nous insistâmes, et, comme il n'y avait aucun danger à craindre en leur avouant notre profonde ignorance sur les propriétés de l'œil du chat, nous leur racontâmes ce qui nous était arrivé, en route, tout près de la ferme d'un païen. Il n'en fallut pas davantage ; nos complaisants néophytes se mirent aussitôt à donner la chasse à tous les chats du voisinage. Ils nous en apportèrent trois ou quatre, et nous expliquèrent de quelle manière on pouvait se servir avantageusement d'un chat en guise de montre. Ils nous firent voir que la prunelle de son œil allait se rétrécissant à mesure qu'on avançait vers midi ; qu'a midi juste elle était comme un cheveu, comme une ligne d'une finesse extrême, tracée perpendiculairement sur l'œil ; après midi la dilatation recommençait. Quand nous eûmes examiné bien attentivement tous les chats qui étaient à notre disposition, nous conclûmes qu'il était midi passé ; tous les yeux étaient parfaitement d'accord.

l. 12 : *Féline.* — Il existe un exemplaire de la deuxième édition des *Fleurs du Mal* portant cette dédicace mystérieuse : « Hommage à ma très-chère Féline, Ch. Baudelaire ». On trouve également la mention d'une Féline non identifiée dans le *Carnet* de Baudelaire.

Page 59. **XVII. UN HÉMISPHÈRE
DANS UNE CHEVELURE**

Le Présent, 24 août 1857 (PR).
Revue fantaisiste, 1er novembre 1861 (RF).
La Presse, 24 septembre 1862 (P).

Titre : PR, RF : *La Chevelure;* P : [sous-titre :] *Poème
exotique*
l. 13 : PR : plus *vaste* et plus profond
l. 19-21 : PR : formes *enlevant leurs silhouettes élégantes*
sur un ciel immense *où frémit une chaleur éternelle;* RF :
architectures *arachnéennes* sur
l. 23 : PR : longues *journées* passées sur *le* divan
l. 33 : PR, RF : mordre, *mordre* longtemps
l. 34 : PR : tes cheveux *solides* et *crépus*
l. 35 : PR, RF : mange *mes* souvenirs

A rapprocher de deux pièces des *Fleurs du Mal : Parfum
exotique* et *La Chevelure*. Ces trois poèmes forment une
certaine unité; il est toutefois probable que les poèmes
en vers aient précédé le poème en prose.

Page 61. **XVIII. L'INVITATION AU VOYAGE**

Le Présent, 24 août 1857 (PR).
Revue fantaisiste, 1er novembre 1861 (RF).
La Presse, 24 septembre 1862

l. 2 : PR, RF : avec une *maîtresse chérie.*
l. 10 : PR : où le luxe a *l'air de prendre* plaisir
l. 12-13 : PR : où [...] *n'existent pas;*
l. 17-19 : PR : *Ah! si j'étais ta Mignon, ta Mignon
aimée et protégée, toujours tendre, toujours soumise, mais
toujours rêveuse et désireuse, je te dirais à toi, mon poëte
et mon ami :* Tu connais cette maladie qui s'empare de
notre esprit dans les *plus dures* misères, *cet amour* du pays

qu'on ignore, cette *nostalgie* de la curiosité? RF : *Ah! si tu étais le poëte, et si j'étais ta Mignon, aimée et protégée, toujours tendre, toujours soumise, mais toujours rêveuse et désireuse, je te dirais à toi, mon poëte et mon ami :* « Tu connais [...] misères, *cet amour* du pays qu'on ignore, cette *nostalgie* de la curiosité?

l. 27 : PR, RF : par la *multiplication* des sensations.

l. 27-30 : PR : *Comme on* a écrit l'*Invitation à la valse, je voudrais qu'un musicien de génie se chargeât d'écrire* l'*Invitation au voyage, pour l'*offrir

l. 38 : PR : peintures *heureuses, pleines de calme,* comme ; RF : peintures *heureuses,* calmes, comme

l. 40 : PR : couchants, qui *réjouissent mélancoliquement* la salle à manger

l. 45 : PR : âmes *civilisées*

l. 47 : PR : y *font*

l. 50-51 : PR : un parfum singulier, un *léger parfum d'Orient* qui; RF : un parfum singulier, un *léger parfum oriental* qui

l. 51-52 : PR, RF : appartement. — *Soleils couchants qui embellissez si mélancoliquement la chambre de la femme aimée, de la sœur d'élection, quand vous coucherez-vous dans mon horizon?*

l. 66 : PR : soixante *mille* et

l. 69 : PR : Fleur *impossible,*

l. 73 : PR : analogie, et *pour me servir du langage de ces livres qui traînent toujours sur ma table et qui te font ouvrir de si grands yeux, n'aurais-tu pas pour miroir ta propre correspondance?* RF : analogie, et *n'aurais-tu pas pour miroir ta propre correspondance?*

l. 76-77 : PR, RF : plus l'âme est délicate

l. 80-81 : PR : combien *y a-t-il* d'heures

A rapprocher de *L'Invitation au Voyage* des *Fleurs du Mal*, dont le poème en prose est la réplique postérieure.

Le thème de l'*Invitation* est des plus anciens; sa vogue date de la *Chanson de Mignon* qui fut détachée très tôt de *Wilhelm Meister* et traduite plusieurs fois. Baudelaire connaissait sans doute l'adaptation de Gautier :

Où veux-tu donc aller? O mon maître, sais-tu
La chanson que Mignon chante à Wilhelm dans Gœthe?
« Ne connais-tu pas la terre du poète,
La terre du soleil où le citron mûrit,
Où l'orange aux tons d'or dans les feuilles sourit?
C'est là, maître, c'est là qu'il faut mourir et vivre,
C'est là qu'il faut aller, c'est là qu'il faut me suivre.

Toutefois, ce n'est pas de l'Italie qu'il s'agit chez Baudelaire, mais d'un pays nordique, changement d'orientation également préfiguré chez Gautier, qui écrit dans *Albertus :*

A vous faire oublier, à vous, peintre et poète,
Ce pays enchanté dont la Mignon de Gœthe,
Frileuse, se souvient, et parle à son Wilhelm;
Ce pays du soleil où les citrons mûrissent,
Où de nouveaux jasmins toujours s'épanouissent :
Naples pour Amsterdam, le Lorrain pour Berghem.

1. 4 : *L'Orient de l'Occident*. — Association fréquente dès le xviiie siècle, la Hollande étant considérée comme l'entrepôt du monde.

1. 28 : *Invitation à la valse*. — Allusion au célèbre rondo pour piano de Weber, repris dans le *Freischütz* et transcrit, pour orchestre, par Berlioz.

1. 68 : *tulipe noire, dahlia bleu*. — La tulipomanie est un des clichés de l'image de la Hollande dès le xviie siècle; Ménage, Furetière, La Bruyère en parlent, Alexandre Dumas lui a consacré tout un roman, *La Tulipe noire* (1850). — Le dahlia bleu est un autre cliché, aujourd'hui perdu, mais bien attesté sous le second Empire, pour désigner la poursuite d'une utopie. L'expression a été popularisée par une rengaine de Pierre Dupont :

LE DAHLIA BLEU

Où donc s'envolent vos semaines,
Pourquoi, soucieux jardiniers,
Ce surcroît de soins et de peines?
Vos jardins sont des ateliers
Où vous tissez des fleurs humaines.
O fleurs divines autrefois!
Lis et roses, fuyez aux bois;
Bluets, pervenches, violettes,
Myosotis, vivez seulettes

[refrain :]
      Sous l'œil de Dieu,
   Ils rêvent le dahlia bleu.

l. 74 : *les mystiques*. — Allusion à Swedenborg qui a défini sa théorie des correspondances notamment dans *Du Ciel et de ses merveilles et de l'Enfer* ainsi que dans *La Vraie Religion chrétienne*.

Page 65.   XIX. LE JOUJOU DU PAUVRE

La Presse, 24 septembre 1862.

Baudelaire a tiré ce poème de son essai, *Morale du Joujou*, publié en 1853 et repris plusieurs fois avant d'entrer dans *L'Art romantique* :

Et même, analysez cet immense *mundus* enfantin, considérez le joujou barbare, le joujou primitif, où pour le fabricant le problème consistait à construire une image aussi approximative que possible avec des éléments aussi simples, aussi peu coûteux que possible : par exemple, le polichinelle plat, mû par un seul fil ; les forgerons qui battent l'enclume ; le cheval et son cavalier en trois morceaux, quatre chevilles pour les jambes, la queue du cheval formant un sifflet, et quelquefois le cavalier portant une petite plume, ce qui est un grand luxe, — c'est le joujou à cinq sous, à deux sous, à un sou. — Croyez-vous que ces images simples créent une moindre réalité dans l'esprit de l'enfant que ces merveilles du jour de l'an, qui sont plutôt un hommage de la servilité parasitique à la richesse des parents qu'un cadeau à la poésie enfantine ?
    Tel est le joujou du pauvre. Quand vous sortirez le matin avec l'intention décidée de flâner solitairement sur les grandes routes, remplissez vos poches de ces petites inventions, et le long des cabarets, au pied des arbres, faites-en hommage aux enfants inconnus et pauvres que vous rencontrerez. Vous verrez leurs yeux s'agrandir démesurément. D'abord ils n'oseront pas prendre, ils douteront de leur bonheur ; puis leurs mains happeront avidement le cadeau, et ils s'enfuiront comme font les chats qui vont manger loin de vous le morceau que vous leur avez donné, ayant appris à se défier de l'homme. C'est là certainement un grand divertissement.
    A propos du joujou du pauvre, j'ai vu quelque chose de plus simple encore, mais de plus triste que le joujou à un sou, — c'est le joujou vivant. Sur une route, derrière la grille d'un beau jardin, au bout duquel apparaissait un joli château, se tenait un enfant beau et frais, habillé de ces vêtements de campagne pleins de coquetterie. Le luxe, l'insouciance et le spectacle habituel de la richesse

rendent ces enfants-là si jolis qu'on ne les croirait pas faits de la même pâte que les enfants de la médiocrité ou de la pauvreté. A côté de lui gisait sur l'herbe un joujou splendide, aussi frais que son maître, verni, doré, avec une belle robe, et couvert de plumets et de verroterie. Mais l'enfant ne s'occupait pas de son joujou, et voici ce qu'il regardait : de l'autre côté de la grille, sur la route, entre les chardons et les orties, il y avait un autre enfant, sale, assez chétif, un de ces marmots sur lesquels la morve se fraye lentement un chemin dans la crasse et la poussière. A travers ces barreaux de fer symboliques, l'enfant pauvre montrait à l'enfant riche son joujou, que celui-ci examinait avidement comme un objet rare et inconnu. Or ce joujou que le petit souillon agaçait, agitait et secouait dans une petite boîte grillée, était un rat vivant ! Les parents, par économie, avaient tiré le joujou de la vie elle-même.

La comparaison de ces textes permet d'étudier la technique baudelairienne du poème en prose : c'est en rendant à deux des petites scènes illustrant l'analyse du monde enfantin leur autonomie de tableau, que l'auteur transmue l'essai en poème.

Page 67.   XX. LES DONS DES FÉES

La Presse, 24 septembre 1862.

Baudelaire n'a cessé de cultiver, comme il le dit dans *Fusées*, « le plaisir aristocratique de déplaire ». Il y note aussi : « Quand j'aurai inspiré le dégoût et l'horreur universels, j'aurai conquis la solitude. » Aussi ce poème ressemble-t-il à la réalisation imaginaire d'un désir inavoué, car le poète se rangeait lui-même parmi les Poe, les Nerval, les Pétrus Borel. De ce dernier, il écrivait dans les *Réflexions sur quelques-uns de mes contemporains* :

Lycanthrope bien nommé ! Homme-loup ou loup-garou, quelle fée ou quel démon le jeta dans les forêts lugubres de la mélancolie ? Quel méchant esprit se pencha sur son berceau et lui dit : *Je te défends de plaire ?* Il y a dans le monde spirituel quelque chose de mystérieux qui s'appelle le *Guignon*, et nul de nous n'a le droit de discuter avec la Fatalité. C'est la déesse qui s'explique le moins, et qui possède, plus que tous les papes et les lamas, le privilège de l'infaillibilité.

Page 71.   XXI. LES TENTATIONS
                OU ÉROS, PLUTUS ET LA GLOIRE

Épreuve de *La Presse* [début octobre 1862] (Pe), corri-
gée par Baudelaire.
Revue nationale et étrangère, 10 juin 1863 (RN).

l. 32 : Pe : ceci est mon *âme potable* [*surchargé :* sang]
l. 124-125 : Pe : Va-t'en! — *et dis, si tu veux, à tes
amants que c'est eux qui me détournent de toi* [*surchargé :*
Je ne suis pas fait pour épouser la maîtresse de certains
que je ne veux pas nommer. »]

l. 127-138 : Pe : 1ᵉʳ état : Certes, d'une si courageuse
abnégation j'avais le droit d'être fier. Mais malheureu-
sement *mon sommeil se rompit*, et toute ma force m'aban-
donna. « En vérité, me dis-je, il fallait que je fusse bien
lourdement assoupi pour montrer de tels scrupules. Ah!
s'ils pouvaient revenir pendant que je suis éveillé. » [fin];
2ᵉ état, représenté par un papillon recouvrant le 1ᵉʳ état :
identique à la version définitive, sauf que les mots « je ne
ferais pas tant le délicat » ont été ajoutés à la main.

Sujet que Baudelaire voulait d'abord traiter en vers,
comme ceux de *La Femme sauvage*, de *La Belle Dorothée*, et,
peut-être, du *Joueur généreux*. A Calonne, 12 décembre 1859 :

J'ai encore trois petits poëmes sur le chantier; *Dorothée* (beauté
de nature tropicale; idéal de la beauté noire). *Une femme sauvage*
(sermon à une petite maîtresse qui a des douleurs imaginaires),
enfin le *Rêve* (la *fortune*, l'*amour* et la *gloire*, s'offrant, pendant son
sommeil, à un homme qui les repousse, et qui dit en se réveillant :
si j'avais été éveillé, je n'aurais pas été si sage!).

Le poème reprend un lieu commun répandu, entre autres,
par cette chanson de Paul de Kock :

LA GLOIRE ET LA FORTUNE
OU
RÊVE D'UN PAUVRE DIABLE

Une nuit, le diable m'offrit
    La gloire et la fortune,
Me disant : « Le sort te sourit,
    « Choisis, mais n'en prends qu'une. »
La gloire était fort de mon goût,
    Mais j'aimais la fortune

> Beaucoup,
> Oui, j'aimais la fortune.
> [......................]
> En m'écriant : « Je te choisis,
> Séduisante fortune »,
> Je m'éveillais, mais je ne vis
> Qu'un fort beau clair de lune;
> Et j'attendrai longtemps, je crois,
> La gloire et la fortune
> Chez moi,
> La gloire et la fortune.

l. 49-50 : *le plaisir... de sortir de toi-même...* — Thème de la prostitution, maintes fois abordé dans les *Journaux intimes :* « Qu'est-ce que l'amour? Le besoin de sortir de soi. [...] Aussi tout amour est-il prostitution. »

l. 120-121 : *pour l'avoir vu trinquant avec quelques drôles.* — A rapprocher de ce passage de *Mon cœur mis à nu :*

Il y a certaines femmes qui ressemblent au ruban de la Légion d'honneur. On n'en veut plus parce qu'elles se sont salies à de certains hommes.

C'est par la même raison que je ne chausserai pas les culottes d'un galeux.

Page 76. XXII. LE CRÉPUSCULE DU SOIR

Épreuve de l'*Hommage à C.F. Denecourt* [...], 1855 (De). Corrections de Baudelaire, en partie honorées par l'imprimeur. Bibliothèque littéraire Jacques Doucet.

Hommage à C.F. Denecourt. — Fontainebleau. — Paysages, Légendes, Souvenirs, Fantaisies [...], Hachette, 1855 (D).

Le Présent, 24 août 1857 (PR).

Revue fantaisiste, 1er novembre 1861 (RF).

Épreuve de *La Presse* [début octobre 1862] (Pe). Sans correction.

Le Figaro, 7 février 1864 (F).

On distingue deux familles de textes, ainsi que pour *La Solitude* et *Les Projets;* Baudelaire a profondément modifié son texte en vue de la publication dans *La Presse*, qui n'eut pas lieu. Voici la version de 1855 avec les variantes de 1857 et de 1861 :

LE CRÉPUSCULE DU SOIR

La tombée de la nuit a toujours été pour moi le signal d'une fête intérieure et comme la délivrance d'une angoisse. Dans les bois comme dans les rues d'une grande ville, l'assombrissement du jour et le scintillement des étoiles ou des lanternes éclairent mon esprit.

Mais j'ai eu deux amis que le crépuscule rendait malades. L'un méconnaissait alors tous les rapports d'amitié et de politesse, et brutalisait sauvagement le premier venu. Je l'ai vu jeter un excellent poulet à la tête d'un maître d'hôtel. La venue du soir gâtait les meilleures choses.

L'autre, à mesure que le jour baissait, devenait plus aigre, plus sombre, plus taquin. Indulgent pendant la journée, il était impitoyable le soir; — et ce n'était pas seulement sur autrui, mais sur lui-même que s'exerçait abondamment sa manie crépusculaire.

Le premier est mort fou, incapable de reconnaître sa maîtresse et son fils; le second porte en lui l'inquiétude d'une insatisfaction perpétuelle. L'ombre qui fait la lumière dans mon esprit fait la nuit dans le leur. — Et, bien qu'il ne soit pas rare de voir la même cause engendrer deux effets contraires, cela m'intrigue et m'étonne toujours.

l. 2-3 : PR : Dans les *forêts;* RF : Dans les *solitudes* comme dans les rues d'une *capitale,*

l. 4 : De : des étoiles [ou *corrigé en :*] et des lanternes; PR, RF : des étoiles *et* des lanternes

l. 6 : RF : *Cependant* j'ai[...] crépuscule *faisait tout* malades.

l. 8 : RF : et *maltraitait comme un sauvage*

l. 10 : PR : gâtait *pour lui* les meilleurs choses. — RF : *Le* soir, *précurseur des voluptés, lui gâtait les choses les plus succulentes.*

l. 14 : PR, RF : s'exerçait *rageusement*

l. 17-18 : RF : *d'un malaise* perpétuel

Et voici maintenant les variantes de 1862 et de 1864 par rapport au texte de l'*Édition posthume :*

l. 6 : Pe, F : *nuées*

l. 14-15 : Pe : du noir hospice des *Antiquailles,* et le soir

l. 17 : Pe : chaque fenêtre *illuminée* dit

l. 19-20 : Pe : souffle de *Fourvières,* bercer ma pensée étonnée à *ce redoutable écho* de l'Enfer.

l. 21-22 : Pe : excite les fous. *Bizarre! Bizarre!* J'ai eu

l. 53 : Pe : doux, et tendre *et brillant!*

l. 56 : Pe : les feux des *lampes* qui

C'est dans *Fontainebleau*, recueil collectif publié par Fernand Desnoyers en l'honneur de C.F. Denecourt que furent publiés les deux premiers poèmes en prose de Baudelaire, *Le Crépuscule du Soir* et *La Solitude*. Ils y étaient précédés de la lettre à Desnoyers et des deux *Crépuscules* en vers. Voici la lettre :

A FERNAND DESNOYERS

Mon cher Desnoyers, vous me demandez des vers pour votre petit volume, des vers sur la *Nature*, n'est-ce pas? sur les bois, les grands chênes, la verdure, les insectes, le soleil, sans doute? Mais vous savez bien que je suis incapable de m'attendrir sur les végétaux, et que mon âme est rebelle à cette singulière Religion nouvelle, qui aura toujours, ce me semble, pour tout être *spirituel* je ne sais quoi de *shocking*. Je ne croirai jamais que l'*âme des Dieux habite dans les plantes*, et, quand même elle y habiterait, je m'en soucierais médiocrement, et je considérerais la mienne comme d'un bien plus haut prix que celle des légumes sanctifiés. J'ai même toujours pensé qu'il y avait dans la *Nature*, florissante et rajeunie, quelque chose d'affligeant, de dur, de cruel, — un je ne sais quoi qui frise l'impudence. Dans l'impossibilité de vous satisfaire complètement suivant les termes stricts du programme, je vous envoie deux morceaux poétiques, qui représentent à peu près la somme des rêveries dont je suis assailli aux heures crépusculaires. Dans le fond des bois, enfermé sous ces voûtes semblables à celles des sacristies et des cathédrales, je pense à nos étonnantes villes, et la prodigieuse musique qui roule sur les sommets me semble la traduction des lamentations humaines.   C. B.

l. 14-15 et 19-20, var. Pe : *hospice des Antiquailles, Fourvières*. — Seule résurgence d'un souvenir lyonnais que l'on trouve dans les poèmes en prose. On sait que le jeune Baudelaire a vécu à Lyon de 1833 à 1836.

Page 79.   XXIII. LA SOLITUDE

Épreuve de l'*Hommage à C.F. Denecourt* [...], 1855 (De). Corrections de Baudelaire, en partie honorées par l'imprimeur. Bibliothèque littéraire Jacques Doucet.

Hommage à Denecourt. — Fontainebleau. — Paysages, Légendes, Souvenirs, Fantaisies [...], Hachette, 1855 (D.)

Le Présent, 24 août 1857 (PR).

Revue fantaisiste, 1ᵉʳ novembre 1861 (RF).

Épreuve de *La Presse* [début octobre 1862] (Pe). Sans correction.

Épreuve de la *Nouvelle Revue de Paris* (RPe). Corrections de Baudelaire.

Nouvelle Revue de Paris, 25 décembre 1864 (RP).

On distingue deux familles de textes. Baudelaire a profondément remanié son texte en vue de la publication dans *La Presse*, qui n'eut pas lieu.

Vioci le texte de 1855, avec les variantes de 1857 et 1861 :

LA SOLITUDE

Il me disait aussi, — le second, — que la solitude était mauvaise pour l'homme, et il me citait, je crois, des paroles des Pères de l'Église. Il est vrai que l'esprit de meurtre et de lubricité s'enflamme merveilleusement dans les solitudes;
5   le démon fréquente les lieux arides.

Mais cette séduisante solitude n'est dangereuse que pour ces âmes oisives et divagantes qui ne sont pas gouvernées par une importante pensée active. Elle ne fut pas mauvaise pour Robinson Crusoë; elle le rendit religieux, brave, industrieux;
10 elle le purifia, elle lui enseigna jusqu'où peut aller la force de l'individu.

N'est-ce pas La Bruyère qui a dit : « Ce grand malheur de ne pouvoir être seul?... » Il en serait donc de la solitude comme du crépuscule; elle est bonne et elle est mauvaise, criminelle et
15 salutaire, incendiaire et calmante, selon qu'on en use, et selon qu'on a usé de la vie.

Quant à la jouissance, — les plus belles agapes fraternelles, les plus magnifiques réunions d'hommes électrisés par un plaisir commun n'en donneront jamais de comparables à celle qu'é-
20 prouve le Solitaire, qui, d'un coup d'œil, a embrassé et compris toute la sublimité d'un paysage. Ce coup d'œil lui a conquis une propriété individuelle inaliénable.

l. 1 : RF : le second *ami*

l. 2-3 : PR, RF : je crois, *à l'appui de sa thèse*, des paroles

l. 5 : RF : *On sait que* le démon

l. 7-8 : RF : divagantes, qu'une *idée despotique ne tient pas en lisière.*

l. 14-15 : De : criminelle [ou *corrigé en :*] et salutaire, incendiaire [ou *corrigé en :*] et calmante

l. 17 : De : Quant à la [*question de* ajouté à la main] jouissance; PR : Quant à la *question de* jouissance; RF : Quant à la *pure* jouissance, *je crois que* les

Et voici les variantes de 1862 et de 1864 par rapport à l'*Edition posthume :*

l. 1 : Pe : Un *grand politique de gazette* me dit; PPe :

un [grand politique de gazette *corrigé en :*] gazetier phi-
lanthrope me dit

l. 18-23 : Pe, PPe : Il y a, dans nos races *bavardes*, des
individus qui accepteraient *volontiers* le supplice suprême,
pourvu qu'ils pussent faire *de haut un interminable « speech »,
et* que les tambours de Santerre ne leur coupassent pas
intempestivement la parole.

l. 36-37 : Pe : La Bruyère, *donnant ainsi une belle semonce
à tous ceux;* RP : [au nom de La Bruyère est accrochée
cette note :] *Auteur français très méprisé en Belgique.*

l. 46 : Pe, RPe : *pour* parler la belle langue *du dix-
neuvième* siècle.

Si Baudelaire a souvent glorifié la jouissance que l'artiste
tire de sa communion avec la foule, il n'en a pas moins
souvent traité le thème, complémentaire, de la solitude.
Cf. ces notes de *Mon cœur mis à nu :*

Sentiment de *solitude*, dès mon enfance. Malgré la famille, —
et au milieu des camarades, surtout, — sentiment de destinée
éternellement solitaire.
Cependant, goût très vif de la vie et du plaisir.
Tout enfant, j'ai senti dans mon cœur deux sentiments contra-
dictoires, l'horreur de la vie et l'extase de la vie.
C'est bien le fait d'un paresseux nerveux.

l. 35 : *La Bruyère.* — Allusion à ce passage bien connu
des *Caractères :*

Tout notre mal vient de ne pouvoir être seuls : de là le jeu, le
luxe, la dissipation, le vin, les femmes, l'ignorance, la médisance,
l'envie, l'oubli de soi-même et de Dieu.

l. 42 : *Pascal.* — Allusion à la célèbre page sur le « Diver-
tissement » :

Quand je m'y suis mis quelquefois, à considérer les diverses
agitations des hommes, et les périls et les peines où ils s'exposent
dans la Cour, dans la guerre, d'où naissent tant de querelles, de
passions, d'entreprises hardies et souvent mauvaises, etc., j'ai
dit souvent que tout le malheur des hommes vient d'une seule
chose, qui est de ne savoir demeurer en repos dans une chambre.
Un homme qui a assez de bien pour vivre, s'il savait demeurer
chez soi avec plaisir, n'en sortirait pas pour aller sur la mer, ou
au siège d'une place; on n'achèterait une charge à l'armée si cher,
que parce qu'on trouverait insupportable de ne bouger de la ville,
et on ne recherche les conversations et les divertissements des jeux
que parce qu'on ne peut demeurer chez soi avec plaisir.

Baudelaire l'avait déjà illustré par ces vers des *Hiboux* :

> Leur attitude au sage enseigne
> Qu'il faut en ce monde qu'il craigne
> Le tumulte et le mouvement,

> L'homme ivre d'une ombre qui passe
> Porte toujours le châtiment
> D'avoir voulu changer de place.

l. 45 : *prostitution*. — Cf. ce passage de *Mon cœur mis à nu* :

Goût invincible de la prostitution dans le cœur de l'homme, d'où naît son horreur de la solitude. — Il veut être *deux*. L'homme de génie veut être *un*, donc solitaire.

La gloire, c'est de rester *un*, et de se prostituer d'une manière particulière.

C'est cette horreur de la solitude, le besoin d'oublier son *moi* dans la chair extérieure, que l'homme appelle noblement *besoin* d'aimer.

Page 81. XXIV. LES PROJETS

Le Présent, 24 août 1857 (PR).

Revue fantaisiste, 1er novembre 1861 (RF).

Épreuve de *La Presse* [début octobre 1862] (Pe). Corrigée par Baudelaire.

La Vie parisienne, 13 août 1864 (VP).

Nouvelle Revue de Paris, 25 décembre 1864 (RP).

On distingue deux familles de textes. Baudelaire a profondément modifié son texte en vue de la publication dans *La Presse*, qui n'eut pas lieu.

Voici le texte de 1857, avec les variantes de 1861 :

LES PROJETS

Comme tu serais belle, dans un costume de cour compliqué et fastueux, descendant, à travers l'atmosphère d'un beau soir, les degrés de marbre d'un palais, en face des grandes pelouses et des bassins!

⁵ Mais à quoi bon de si beaux décors? Insensé! j'oubliais que je hais les rois et leurs palais. — Non, ce n'est pas dans un palais que je voudrais te posséder et jouir de ton amitié. Nous n'y serions pas *chez nous*. D'ailleurs, ces murs gaufrés, galonnés, insolents, éblouissants comme des militaires, ressemblent à

¹⁰ l'âme du *Grand Roi*, qui n'avait pas de coins pour l'intimité. — Ici, pas un *révoir*; sur ces murs criblés d'or, je ne vois pas la place d'un seul clou pour y accrocher ton image.

Ah! je sais bien où je voudrais t'aimer interminablement! —
Au bord de la mer, une belle case en bois, enveloppée d'ombrages!
15 Dans l'atmosphère, une odeur flottante d'huile de coco, et
partout un parfum indescriptible de musc; à l'horizon, des bouts
de mâts, auxquels une houle insensible fait décrire lentement
des courbes dans l'air; autour de nous, au-delà de la chambre
silencieuse, obscure, pleine de fleurs et de nattes, avec de rares
20 meubles d'un rococo portugais en bois des îles, où tu reposerais
si douce, si nonchalante, si bien éventée, fumant le tabac mêlé
à l'opium et au sucre, — au-delà de la varangue, le tapage des
oiseaux et le jacassement délicat des négresses.
Mais non! — Pourquoi cette vaste mise en scène? — Elle
25 coûterait beaucoup d'or, et l'or ne danse que dans les poches
des imbéciles qui ne comprennent pas le Beau. — Le plaisir est
à quelques lieues d'ici. Il est à deux pas, il est dans la première
auberge venue, dans l'auberge du hasard, si féconde en bon-
heurs. Un grand feu, des faïences voyantes sur les murs, un
30 souper passable, beaucoup de vin, et un lit très-large avec des
draps un peu rudes, mais frais.
... Le rêve! Le rêve! toujours le rêve maudit! — il tue l'action
et mange le temps! — Les rêves soulagent un moment la bête
dévorante qui s'agite en nous. C'est un poison qui la soulage,
35 mais qui la nourrit.
Où donc trouver une coupe assez profonde et un poison assez
épais pour noyer la *Bête*!

l. 7 : RF : jouir de *tout* ton être.

l. 16-17 : RF : partout, *dans la maison et dans le jardin*,
un *puissant* parfum *de rose et* de musc. *A* l'horizon

l. 18 : RF : des courbes *magiques* dans l'air

l. 19-20 : RF : nattes, décorée de [...] portugais, *d'un
bois lourd et ténébreux*, — où tu

l. 30 : RF : *un vin rude*, et

l. 31 : RF : draps un peu *âpres*, mais frais

l. 34 : RF : qui l'*apaise*, mais

Et voici les variantes de 1862 et de 1864 par rapport
à l'*Edition posthume :*

l. 6 : Pe : elle a [naturellement *mot ajouté à la main*]
l'air

l. 12 : Pe : sa [chère *mot ajouté à la main*] vie

l. 24 : Pe : musc..., [*à l'horizon* corrigé en] plus loin,
derrière notre petit domaine, des bouts; VP : musc..., *à*
l'horizon, des bouts

l. 27-28 : Pe : stores, [*pleine* corrigé en] décorée de
nattes [...] capiteuses, [*décorée* corrigé en] avec de rares

[*meubles* corrigé en] siéges d'un rococo portugais; VP :
stores, *pleines* de nattes [...] *capiteuses*, avec

l. 36 : Pe : des [*délicieux* corrigé en] mélancoliques filaos;
VP : des *délicieux* filaos

l. 52 : Pe : par les [*bruissements* corrigé en] bourdonne-
ments de; VP : par les *bruissements* de

A rapprocher des *Hiboux* et du *Voyage* dans *Les Fleurs
du Mal.*

Page 83.   XXV. LA BELLE DOROTHÉE

Épreuve de *La Presse* [début octobre 1862] (Pe), corri-
gée par Baudelaire. Texte retenu par l'*Édition posthume.*
Revue nationale et étrangère, 10 juin 1863 (RN).

l. 14-15 : RN : moule exactement *les formes de son
corps.* [Correction imposée à Baudelaire par le directeur
de la *Revue nationale.*]

l. 52 : Pe : de la *belle* Dorothée

l. 61-65 : Pe : sa petite sœur qui est *si belle et déjà
presque mûre.* [alinéa] Elle réussira, sans doute, *cette*
bonne Dorothée; *car* le maître de l'enfant est si avare,
si avare ! trop avare pour; RN : sa petite sœur qui est *déjà
si belle.* [fin du poème; correction imposée à Baudelaire
par Charpentier.]

La genèse de ce poème se confond en partie avec celle
du sonnet inversé, *Bien loin d'ici,* publié en 1864. A l'origine,
Baudelaire voulait traiter ce sujet en vers (voir également
La Femme sauvage, Les Tentations et *Le Joueur généreux*).
A Poulet-Malassis, 15 décembre 1859 :

> Quand j'aurai fait *Dorothée* (souvenir de l'Ile Bourbon), *la
> Femme sauvage* (sermon à une petite maîtresse), et *Le Rêve,* enfin
> la *lettre-préface* à Veuillot, que nous aurons à discuter ensemble,
> *Les Fleurs du Mal* seront prêtes.

Aucun des textes annoncés n'entrera dans la deuxième
édition des *Fleurs.*

Lorsque Baudelaire proposa son poème à la *Revue
nationale,* Charpentier le fit paraître dans une version édul-
corée, ce qui lui valut cette lettre de l'auteur (20 juin 1863) :

Je vous avais dit : supprimez *tout un morceau, si une virgule* vous déplaît dans le morceau, mais ne supprimez pas la virgule; elle a sa raison d'être.

J'ai passé ma vie entière à apprendre à construire des phrases, et je dis, sans crainte de faire rire, que ce que je livre à une imprimerie est *parfaitement fini*.

Croyez-vous réellement que *les formes de son corps*, ce soit là une expression équivalente à *son dos creux et sa gorge pointue?* —Surtout quand il est question de la race noire des côtes orientales.

Et croyez-vous qu'il soit *immoral* de dire qu'une fille est *mûre à onze ans*, quand on sait qu'Aïscha (qui n'était pas une négresse née sous le Tropique) était plus jeune encore alors que Mahomet l'épousa?

Monsieur, je désire sincèrement vous remercier du bon accueil que vous m'avez fait; *mais je sais ce que j'écris*, et je ne raconte *que ce que j'ai vu.*

Page 86.   XXVI. LES YEUX DES PAUVRES

Épreuve de *La Presse* [début octobre 1862]. Corrigée par Baudelaire dans le sens de la *Nouvelle Revue de Paris* et de l'*Edition posthume.*

La Vie parisienne, 2 juillet 1864 (VP).

Nouvelle Revue de Paris, 25 décembre 1864.

l. 50-51 : VP : *C'est Paul de Kock, je crois, qui a le plus popularisé cette idée*, que [...]. *Peut-être avait-il* raison

Allusion à ce poème dans les *Plans et projets* sous le titre : « Les pauvres devant un Café neuf ». — A rapprocher des *Veuves* et du *Vieux Saltimbanque.*

l. 46-49 : *Quant aux yeux du plus petit...* — Cf. ce passage du *Peintre de la vie moderne* :

L'enfant voit tout en *nouveauté*; il est toujours *ivre*. [...] C'est à cette curiosité profonde et joyeuse qu'il faut attribuer l'œil fixe des enfants devant le *nouveau*, quel qu'il soit, visage ou paysage, lumière, dorure, couleurs, étoffes chatoyantes, enchantement de la beauté embellie par la toilette.

l. 64-66 : *... tant la pensée est incommunicable...* — Cf. cette note de *Mon cœur mis à nu* :

Dans l'amour comme dans presque toutes les affaires humaines, l'entente cordiale est le résultat d'un malentendu. Ce malentendu c'est le plaisir. L'homme crie : « Oh! mon ange! » La femme roucoule : « Maman! maman! » Et ces deux imbéciles sont persuadés qu'ils pensent de concert. — Le gouffre infranchissable, qui fait l'incommunicabilité, reste infranchi.

Page 89. XXVII. UNE MORT HÉROÏQUE

Revue nationale et étrangère, 10 octobre 1863. Texte retenu par l'*Édition posthume*.
L'Artiste, 1ᵉʳ novembre 1864 (A).

l. 9 : A : partout des *traîtres* pour
l. 161-162 : A : comédie. *Ils moururent dans la nuit.*

Une des pièces les plus longues du recueil, illustrant la tendance du poème en prose à s'élargir vers le conte.
Portrait moral de Baudelaire qui assume simultanément les rôles du prince, du bouffon et du narrateur.

l. 25 : *l'Ennui.* — Voir, dans *Les Fleurs du Mal*, le troisième *Spleen*.

l. 31 : *l'étonnement.* — Une des catégories esthétiques que Baudelaire a définie dans le *Salon de 1859* :

Le désir d'étonner et d'être étonné est très légitime. *It is a happiness to wonder,* « c'est un bonheur d'être étonné » ; mais aussi, *it is a happiness to dream,* « c'est un bonheur de rêver ». Toute la question, si vous exigez que je vous confère le titre d'artiste ou d'amateur des beaux-arts, est donc de savoir par quels procédés vous voulez créer ou sentir l'étonnement. Parce que le Beau est *toujours* étonnant, il serait absurde de supposer que ce qui est étonnant est *toujours* beau. Or notre public, qui est singulièrement impuissant à sentir le bonheur de la rêverie ou de l'admiration (signe des petites âmes), veut être étonné par des moyens étrangers à l'art, et ses artistes obéissants se conforment à son goût ; ils veulent le frapper, le surprendre, le stupéfier par des stratagèmes indignes, parce qu'ils le savent incapables de s'extasier devant la tactique naturelle de l'art véritable.

l. 72-73 : *rôles muets.* — Dès sa jeunesse, Baudelaire s'est intéressé à la pantomime (voir l'*Essence du rire*), curiosité qu'il a partagée avec ses amis Champfleury et Gautier.

Page 95. XXVIII. LA FAUSSE MONNAIE

L'Artiste, 1ᵉʳ novembre 1864 (A).
Nouvelle Revue de Paris, 25 décembre 1864 (RP). Texte retenu par l'*Édition posthume*.
Revue du XIXᵉ siècle, 1ᵉʳ juin 1866 (R).

l. 15-16 : A, R : tant de *soumission et* tant de reproches

l. 16 : A, R : *J'ai vu* quelque

l. 30-31 : A, R : n'était *légitimable* que par le désir de *connaître ou de préjuger* les conséquences

l. 46 : A, R : paroles, *presque aussi fidèlement que l'imbécile Pandore répondant au légendaire brigadier :* Oui, vous avez raison

l. 54-57 : A, R : voulu gagner *à la fois* quarante sols, et le cœur de Dieu, emporter le paradis *et faire des économies, bien mieux encore, ne rien dépenser, c'est-à-dire donner ce qui ne vaut rien, ou, en d'autres termes,* attraper gratis un brevet *de charité.*

On peut trouver un premier germe de ce poème dans la conclusion de *L'École païenne* (1852) :

Le goût immodéré de la forme pousse à des désordres monstrueux et inconnus. Absorbées par la passion féroce du beau, du drôle, du joli, du pittoresque, car il y a des degrés, les notions du juste et du vrai disparaissent. [...] La folie de l'art est égale à l'abus de l'esprit. La création d'une de ces deux suprématies engendre la sottise, la dureté du cœur et une immensité d'orgueil et d'égoïsme. Je me rappelle avoir entendu dire à un artiste farceur qui avait reçu une pièce de monnaie fausse : Je la garde pour un pauvre. Le misérable prenait un infernal plaisir à voler le pauvre et à jouir en même temps des bénéfices d'une réputation de charité.

l. 46, var. A, R : *Pandore.* — Allusion au personnage créé par Gustave Nadaud, compositeur et chansonnier aussi célèbre à l'époque que Béranger et Dupont.

l. 62-65 : *On n'est jamais excusable d'être méchant...* — Baudelaire a pris, avec Poe et de Maistre, le contrepied de Rousseau : l'homme, pour lui, est naturellement méchant. Mais, comme il le dit, entre autres, dans les *Notes sur « Les Liaisons dangereuses » :* « Le mal se connaissant était moins affreux et plus près de la guérison que le mal s'ignorant. G. Sand inférieure à de Sade. »

Page 98. XXIX. LE JOUEUR GÉNÉREUX

Le Figaro, 7 février 1864 (F). Texte retenu par l'*Édition posthume.*

Revue du XIXᵉ siècle, 1ᵉʳ juin 1866 (R).

Titre : R : *Le Diable*

l. 59 : R : d'une coupe pleine : « A votre immortelle santé! »

l. 67 : R : je n'ai *vues* dans

l. 81-82 : R : plus subtil que *le reste du troupeau humain*, s'écrier

l. 95-101 : R : Dieu, — *qui n'a pas ses heures d'impiété?* — *surtout en compagnie du diable.* Il me répondit avec une insouciance *menacée* [sic] d'une tristesse; *mais il parla en hébreu.* [alinéa] Il est douteux

l. 104-105 : R : frissonnante *approchait*, ce

l. 120-121 : R : semblables; l'argent

l. 127 : R : vous *aurez toutes les* voluptés

l. 140 : R : par un reste de *bonne* habitude.

Pièce que Baudelaire s'est d'abord proposé de traiter en vers et qui était peut-être destinée à la deuxième édition des *Fleurs du Mal* (comme *La Belle Dorothée*, *La Femme sauvage* et *Les Tentations*).

l. 19 : mangeurs de lotus. — Allusion non pas à l'*Odyssée* mais aux *Mangeurs de lotus* de Tennyson, qui ont également inspiré certains vers du *Voyage*.

l. 81 : *un prédicateur plus subtil que les autres.* — Peut-être le père Ravignan, successeur de Lacordaire à Notre-Dame. L'idée est d'ailleurs ancienne : *diabolum negare est diabolum credere*, disaient les scolastiques. Baudelaire l'affectionnait particulièrement. Il comptait la développer dans sa préface aux *Fleurs*, dont un projet offre le passage suivant :

Le Diable. Le péché originel, homme bon. Si vous vouliez, vous seriez le favori du Tyran; il est plus difficile d'aimer Dieu que de croire en lui. Au contraire, il est plus difficile aux gens de ce siècle de croire au Diable que de l'aimer. Tout le monde le sert et personne n'y croit. Sublime subtilité du Diable.

l. 140 : *ma prière.* — Cf. la fin des *Tentations* et celle du poème, *A une heure du matin*, ainsi que cette note de *Mon cœur mis à nu :*

Dieu et sa profondeur.
On peut ne pas manquer d'esprit et chercher dans Dieu le complice et l'ami qui manquent toujours. Dieu est l'éternel confi-

dent dans cette tragédie dont chacun est le héros. Il y a peut-être des usuriers et des assassins qui disent à Dieu : « Seigneur, faites que ma prochaine opération réussisse ! » Mais la prière de ces vilaines gens ne gâte pas l'honneur et le plaisir de la mienne.

Page 103. XXX. LA CORDE

Le Figaro, 7 février 1864 (F). Texte retenu par l'*Édition posthume.*

L'Artiste, 1er novembre 1864 (A).

L'Événement, 12 juin 1866 (E). Reproduit le texte du *Figaro.*

Dédicace : [manque dans A.]

l. 21-22 : A : qui *se rencontrent sur* ma route

l. 27-28 : A : dont la physionomie ardente et espiègle me séduisit

l. 43 : A : le *domicile* paternel

l. 44-50 : A : seulement, il manifesta bientôt [...] liqueurs, *et* un jour [...] un larcin de ce genre

l. 58-59 : A : qu'il avait sans doute repoussée était

l. 95 : A : impassible ; *pas un muscle de sa figure ne bougea,* pas une larme

l. 109 : A : suprême et *terrible* consolation

l. 137-138 : A : sous *le* badinage *le sérieux* de la demande

l. 142 : A : de la funeste corde

l. 149 : A [ajoute ce paragraphe final] : « — *Parbleu !* — *répondis-je à mon ami, — un mètre de corde de pendu, à cent francs le décimètre, l'un dans l'autre, chacun payant selon ses moyens, cela fait mille francs, un réel, un efficace soulagement pour cette pauvre mère !* »

Le héros de ce conte cruel est sans doute Alexandre, le modèle de l'*Enfant aux cerises* (vers 1858-1859), toile de Manet qui se trouve actuellement à la Fondation Gulbenkian (Lisbonne), et de l'eau-forte, *Le Garçon et le chien* (1861).

Page 108. XXXI. LES VOCATIONS

Le Figaro, 14 février 1864 (F).

La Semaine de Cusset et de Vichy, 28 mai 1864.

l. 87 : F : il m'a *toujours* semblé
l. 91 : F : et *il me semble* toujours

Baudelaire a souvent insisté sur l'importance des impressions recueillies par l'enfant. Ainsi dans *Un mangeur d'opium* (ch. VI) :

> Tel petit chagrin, telle petite jouissance de l'enfant, démesurément grossis par une exquise sensibilité, deviennent plus tard dans l'homme adulte, même à son insu, le principe d'une œuvre d'art. Enfin, pour m'exprimer d'une manière plus concise, ne serait-il pas facile de prouver, par une comparaison philosophique entre les ouvrages d'un artiste mûr et l'état de son âme quant il était enfant, que le génie n'est que l'enfance nettement formulée, douée maintenant pour s'exprimer, d'organes virils et puissants?

Développement repris dans *Le Peintre de la vie moderne* (ch. III), où il conduit à la formule célèbre :

> Mais le génie n'est que l'*enfance retrouvée* à volonté, l'enfance douée maintenant, pour s'exprimer, d'organes virils et de l'esprit analytique qui lui permet d'ordonner la somme de matériaux involontairement amassée.

l. 83 ss. : *le quatrième dit...* — Baudelaire s'inspire ici d'un poème de Lenau cité par Liszt dans son étude *Des Bohémiens et de leur musique en Hongrie* (1859, p. 115-117) :

> Il serait impossible de rendre plus admirablement le genre de dédain rêveur, paresseux et insouciant de sa propre philosophie, particulier au Zingaro, que Lenau ne l'a fait dans son poëme des *Trois Bohémiens !* Il s'est gardé de les faire parler, de leur faire faire fi des avantages sociaux qu'ils ne connaissent que de loin, et dont ils n'ont point assez usé pour savoir qu'ils ne sont que *vanité.* Ceux-ci leur paraissent, au contraire, d'un très grand prix; mais ne voulant vendre leur liberté à aucun prix, ils passent à côté, trop préoccupés de leur *far niente* pour les analyser et en approfondir la secrète vanité. Lenau les a merveilleusement bien silhouettés; on retrouve dans l'attitude où il les retrace toute l'éloquence d'une poésie vraie, surprise sur le fait, et dévoilant involontairement les dispositions de l'âme.
>
> « Je rencontrai un jour trois Bohémiens couchés au bord d'une prairie, alors qu'avec une peine extrême mon chariot traçait son ornière à travers une plaine sablonneuse.
>
> « L'un d'eux tenait dans ses mains un violon, sur lequel il se jouait à lui-même un air flamboyant, entouré de la pourpre auréole du couchant.
>
> « L'autre tenait nonchalamment une pipe dans sa bouche, et ses yeux suivaient les contours de la fumée : insoucieux, comme si le globe entier n'avait plus rien à ajouter à son bonheur!
>
> « Et le troisième dormait profondément, et sa cymbale pendait

aux branches; sur les cordes passaient les souffles du vent : sur son cœur flottait un rêve.

« Tous trois avaient des vêtements composés de diverses couleurs éclatantes, et traversés de nombreuses déchirures : mais tous trois défiaient, avec le dédain provoquant de la liberté, tous les destins de la terre.

« Ils m'ont ainsi triplement démontré comment, lorsque la vie n'est qu'une nuit, on peut, en fumant, en dormant, en jouant, la triplement mépriser!

« Longtemps, en poursuivant mon chemin, j'ai contemplé ces Bohémiens aux visages olivâtres, aux bruns cheveux! »

Page 113.   XXXII. LE THYRSE

Revue nationale et étrangère, 10 décembre 1863.

L'image du thyrse, Baudelaire l'a sans doute empruntée à un passage des *Suspiria* de De Quincey, paraphrasé au début et à la fin d'*Un mangeur d'opium*.

J'abrègerai sans doute beaucoup — écrit Baudelaire dans les « Précautions oratoires » —; De Quincey est essentiellement digressif, l'expression *humourist* peut lui être appliquée plus convenablement qu'à tout autre; il compare, en un endroit, sa pensée à un thyrse, simple bâton qui tire toute sa physionomie et tout son charme du feuillage compliqué qui l'enveloppe.

Et dans la « Conclusion » :

Ici comme dans les parties déjà analysées, cette pensée est le thyrse dont il a si plaisamment parlé, avec la candeur d'un vagabond qui se connaît bien. Le sujet n'a pas d'autre valeur que celle d'un bâton sec et nu; mais les rubans, les pampres et les fleurs peuvent être, par leurs entrelacements folâtres, une richesse précieuse pour les yeux. La pensée de De Quincey n'est pas seulement sinueuse, le mot est trop faible : elle est naturellement spirale.

Baudelaire avait fait la connaissance de Liszt en 1861. Il lui avait dédicacé un exemplaire des *Paradis artificiels*, tandis que Liszt lui offrit son étude, *Des Bohémiens et de leur musique en Hongrie*, à laquelle le poète empruntait probablement le sujet des *Vocations*.

Page 115.   XXXIII. ENIVREZ-VOUS

Le Figaro, 7 février 1864.

A rapprocher du cycle *Le Vin* dans *Les Fleurs du Mal*, ainsi que des *Paradis artificiels*.

Page 116.   XXXIV. DÉJÀ!

Revue nationale et étrangère, 10 décembre 1863.

Le thème de la mer, assez fréquent dans *Les Fleurs du Mal* (voir *La Vie antérieure*, *L'Homme et la Mer*, *Semper eadem*, *Moesta et errabunda*), n'apparaît que rarement dans les *Poëmes en prose* (voir *Le Port*). Se rappeler également le passage de *Mon cœur mis à nu* cité dans les commentaires du *Confiteor de l'artiste*.

Page 118.   XXXV. LES FENÊTRES

Revue nationale et étrangère, 10 décembre 1863.

A rapprocher des *Foules* et des *Veuves*. Il n'est pas impossible que Baudelaire se soit souvenu d'un conte de Hoffmann, *La Fenêtre du coin (du cousin)*, traduit par Champfleury (1856) : on y voit un vieux podagre contempler de sa fenêtre les passants et refaire leur histoire en partant de leurs gestes et de leurs vêtements.

Page 119.   XXXVI. LE DÉSIR DE PEINDRE

Revue nationale et étrangère, 10 octobre 1863.

A rapprocher des *Bienfaits de la Lune*.

l. 13 : *soleil noir.* — Voir pour les origines et l'histoire de cet oxymoron le livre de Cl. Pichois, *L'Image de Jean-Paul Richter dans les lettres françaises* (José Corti, 1963, p. 283-293).

l. 22 : *la lune arrachée du ciel.* — Réminiscence de *La Pharsale* de Lucain (livre IV, v. 499-506). Baudelaire avait, dès sa jeunesse, une grande admiration pour *La Pharsale* qu'il comptait même traduire. De Bruxelles, il écrit à Sainte-Beuve, le 15 janvier 1865 : « *La Pharsale*, toujours étincelante, mélancolique, déchirante, stoïcienne, a consolé mes névralgies. » Parmi les projets non exécutés de poèmes en prose, on trouve : « Les derniers chants de Lucain ».

Page 121. XXXVII. LES BIENFAITS DE LA LUNE

Le Boulevard, 14 juin 1863 (B).
Revue nationale et étrangère, 14 septembre 1867 (RN).

Titre : B : [sans titre]
Dédicace : RN : *A Mademoiselle B.*
l. 4 : B : descendit *lestement* son
l. 12 : B : gardé l'envie de pleurer
l. 37 : B : pour cela, chère enfant *adorée*

Il convient sans doute d'identifier la dédicatrice du poème avec l'inspiratrice de *La Soupe et les Nuages*. D'autre part, l'héroïne des *Bienfaits* ressemble à celle du *Désir de peindre*.

On connaît une curieuse appréciation des *Bienfaits* par Delacroix qui aurait dit à Pierre Andrieu, un de ses élèves :

Je hais plus que personne [aurait dit Delacroix à Andrieu] l'infernale habileté de la brosse, mais ce qui fait le vrai peintre, c'est qu'il tire de son outil la qualité ailée qui fait l'éloquence de la peinture comme le violoniste tire de son archet l'accent de son âme.

Sachez, mon petit clerc (c'était le nom familier qu'il donnait à Andrieu), que le jour où les peintres auront perdu la science et l'amour de leur outil, les théories stériles commenceront. Car ne sachant plus écrire leur pensée avec des formes et des couleurs, ils l'écriront avec des mots et les littérateurs les auront. Je ne parle pas du vrai poète, comme l'était mon petit Chopin, mais du pion qui veut expliquer un vers de Virgile.

C'est ce que je disais hier à M. Baudelaire qui était venu me lire ce qu'il appelle ses petits poèmes en prose. Et après qu'il m'eut lu les *Bienfaits de la lune,* je lui dis que c'était la plus belle correspondance du fond de l'*Embarquement pour Cythère* et qu'il m'en a fait plus sentir ainsi le mystère aérien que par toute autre explication littérale.

Page 123. XXXVIII. LAQUELLE EST LA VRAIE?

Le Boulevard, 14 juin 1863 (B).
Revue nationale et étrangère, 7 septembre 1867 (RN).

Titre : RN : *L'Idéal et le Réel.*
l. 17 : B : violence *frénétique* et bizarre.
l. 17-19 : B : disait, *dans ce patois familier de la canaille que ma pudeur ne saurait reproduire* : « C'est moi...

Ce poème traduit l'écartèlement du poète entre l'idéal et le réel, qui est le sort de cet *homo duplex* évoqué par Baudelaire dans sa préface à *La Double Vie* d'Asselineau : « Qui parmi nous n'est pas un *homo duplex?* Je veux parler de ceux dont l'esprit a été dès l'enfance *touched with pensiveness ;* toujours double, action et intention, rêve et réalité; toujours l'un nuisant à l'autre, l'un usurpant la part de l'autre. »

Si l'on rapproche ce poème de *Hymne*, pièce adressée à Mme Sabatier, le 8 mai 1854, mais qui n'entra point dans *Les Fleurs du Mal*, on est tenté d'y voir, avec les meilleurs critiques (J. Crépet et G. Blin), une allusion à la curieuse aventure de Baudelaire avec la Présidente.

Page 125.   XXXIX. UN CHEVAL DE RACE

Le Figaro, 14 février 1864 (F).

l. 8 : F : magistère, *sorcière !*

A rapprocher du *Monstre* dans *Les Épaves*.

l. 22 : *chevaux de grande race.* — C'est des années 1830-1840 que date la mode qui consiste à appliquer le langage du turf aux femmes. Ainsi ce passage tiré du *Père Goriot :* « *Cheval de pur sang, femme de race*, ces locutions commençaient à remplacer les anges du ciel, les figures ossianiques, toute l'ancienne mythologie repoussée par le dandysme. »

Page 127.   XL. LE MIROIR

Nouvelle Revue de Paris, 25 décembre 1864.

Poème-boutade, caractéristique des dernières années de la vie de Baudelaire (cf., pour le ton grinçant, certains passages des *Journaux intimes* et de *Pauvre Belgique*).

Une fois guéri de sa fièvre révolutionnaire et rallié à la philosophie de Joseph de Maistre, Baudelaire raillait volontiers les immortels principes de 89. Ainsi, dans sa préface aux *Histoires extraordinaires* de Poe : « Parmi l'énumération nombreuse des *droits de l'homme* que la sagesse du XIXe siècle recommence si souvent et si complaisamment, deux assez importants ont été oubliés, qui sont le droit de se contredire et le droit de *s'en aller.* »

Page 128. XLI. LE PORT

Nouvelle Revue de Paris, 25 décembre 1864.
Ms. autogr. Bibliothèque littéraire Jacques Doucet.

Réunion de deux thèmes : le navire, le voyage (voir aussi *L'Invitation au Voyage*, *Les Projets*, *Déjà !*, *Any where out of the world*).

Le poème est à rapprocher de deux notes de *Fusées :*

Ces beaux et grands navires, imperceptiblement balancés (dandinés) sur les eaux tranquilles, ces robustes navires, à l'air désœuvré et nostalgique, ne nous disent-ils pas dans une langue muette : Quand partons-nous pour le bonheur?

Je crois que le charme infini et mystérieux qui gît dans la contemplation d'un navire, et surtout d'un navire en mouvement, tient, dans le premier cas, à la régularité et à la symétrie qui sont un .des besoins primordiaux de l'esprit humain, au même degré que la complication et l'harmonie, — et, dans le second cas, à la multiplication successive et à la génération de toutes les courbes et figures imaginaires opérées dans l'espace par les éléments réels de l'objet.
L'idée poétique qui se dégage de cette opération du mouvement dans les lignes est l'hypothèse d'un être vaste, immense, compliqué, mais eurythmique, d'un animal plein de génie, souffrant et soupirant tous les soupirs et toutes les ambitions humaines.

Page 129. XLII. PORTRAITS DE MAÎTRESSES

Ms. autogr. collection Godoy.
Revue nationale et étrangère, 21 septembre 1867.

Poème composé sans doute en Belgique. Avant de le publier, la *Revue nationale* avait gardé le manuscrit dans ses tiroirs pendant deux ans.

En guise d'épigraphe, on pourrait penser à cette phrase de *La Fanfarlo :*

Je voudrais que chacune de ces pauvres petites, avant de subir le lien conjugal, pût entendre dans un lieu secret, et sans être vue, deux hommes causer entre eux des choses de la vie, et surtout des femmes.

Ou encore à ce passage d'*Une fille d'Ève* de Balzac :

Ah! si les femmes connaissaient l'allure cynique que ces hommes si patients, si patelins près d'elles prennent loin d'elles! Combien ils se moquent de ce qu'ils adorent! Fraîche, gracieuse et pudique créature, comme la plaisanterie bouffonne la déshabillait et l'analysait! Mais aussi quel triomphe! Plus elle perdait de voiles, plus elle montrait de beautés.

l. 25-27 : *la beauté... assaisonnée par le parfum, la parure, et caetera.* — Cf. dans le *Peintre de la vie moderne*, le chapitre consacré au maquillage.

l. 178-179 : *... puisqu'elle était parfaite.* — Passage à rapprocher de *L'Ivrogne* dont Baudelaire a résumé l'intrigue dans une lettre à Tisserant (28 janvier 1854) :

Vous avez déjà deviné que notre ouvrier saisira avec joie le prétexte de sa jalousie surexcitée pour se cacher à lui-même qu'il en veut surtout à sa femme de sa résignation, de sa douceur, de sa patience, de sa vertu.

Le sujet de *L'Ivrogne*, le poète l'avait déjà traité dans *Le Vin de l'Assassin*, pièce où se conjuguent les influences de Pétrus Borel et de Poe. Ainsi, dans *Le Chat noir*, on assiste également à un crime dont la justification ne peut être que métaphysique. Dans tous ces textes la raison de l'assassinat disparaît : elle réside dans la perfection même de la victime, elle est fondée sur l'incompatibilité absolue entre la beauté morale et la vie.

Page 135.   XLIII. LE GALANT TIREUR

Première publication dans l'*Édition posthume*.

Un premier crayon de ce poème se lit dans un feuillet de *Fusées* (qui contient également le premier germe de *Perte d'auréole*) :

Un homme va au tir au pistolet, accompagné de sa femme. — Il ajuste une poupée, et dit à sa femme : Je me figure que c'est toi. — Il ferme les yeux et abat la poupée. — Puis il dit en baisant la main de sa compagne : Cher ange, que je te remercie de mon adresse!

Cette note pourrait bien dater des années 1859-1860, alors que le poème en prose ne semble avoir été composé qu'en Belgique. Le poème illustre le rôle ambigu de la femme, caractérisé maintes fois par Baudelaire, depuis le *Choix de Maximes consolantes sur l'amour*, à travers nombre de poèmes, jusqu'à la lettre préface des *Paradis artificiels* et au chapitre du *Peintre de la vie moderne :*

Cet être en qui Joseph de Maistre voyait un *bel animal* [...]; pour qui, mais surtout *par qui* les artistes et les poètes composent leurs plus délicats bijoux; de qui dérivent les plaisirs les plus énervants et les douleurs les plus fécondantes, [...]. C'est plutôt une divinité, un astre, qui préside à toutes les conceptions du cerveau mâle; [...]. C'est une espèce d'idole, stupide peut-être, mais éblouissante, enchanteresse, qui tient les destinées et les volontés suspendues à ses regards.

Page 136.   XLIV. LA SOUPE ET LES NUAGES

Ms. autogr. collection Godoy.
Première publication dans l'*Édition posthume.*

Texte écrit à Bruxelles et refusé par la *Revue nationale* en 1865. L'héroïne en est une certaine Berthe, ainsi qu'il appert d'un document conservé à la Bibliothèque littéraire Jacques Doucet. Il s'agit d'un portrait de femme exécuté par Baudelaire et flanqué de deux inscriptions. A droite : « à une horrible petite folle, souvenir d'un grand fou qui cherchait une fille à adopter, et qui n'avait étudié ni le caractère de Berthe, ni la loi sur l'adoption. Bruxelles, 1864 »; à gauche, un premier germe du poème en prose : « Comme, pendant le dîner, je regardais les nuages par la fenêtre ouverte, elle me dit : Allez-vous bientôt manger votre soupe, sacré marchand de nuages! »

On ignore tout de cette Berthe qui se confond sans doute avec la dédicatrice des *Bienfaits de la Lune* et pour laquelle Baudelaire semble avoir recopié un poème de jeunesse, *Les Yeux de Berthe* (écrit vers 1843, publié en 1864).

Page 137.   XLV. LE TIR ET LE CIMETIÈRE

Revue nationale et étrangère, 11 octobre 1867.

Cette pièce, écrite à Bruxelles, est contemporaine d'une poésie des *Épaves* :

UN CABARET FOLATRE
SUR LA ROUTE DE BRUXELLES A UCCLE

Vous qui raffolez des squelettes
Et des emblèmes détestés,
Pour épicer les voluptés,
(Fût-ce de simples omelettes!)

Vieux Pharaon, ô Monselet!
Devant cette enseigne imprévue
J'ai rêvé de vous : *A la vue*
Du Cimetière, Estaminet.

l. 6 : *anciens Égyptiens.* — Lieu commun qui remonte à
Hérodote (*Histoires*, Livre II, ch. 78) :

Au cours de réunions chez les riches Égyptiens, après que le
repas est terminé, un homme porte à la ronde une figurine de bois
dans un cercueil, peinte et sculptée à l'imitation très exacte de
la mort, mesurant en tout environ une coudée ou deux; il montre
cette figurine à chacun des convives en lui disant : « Regarde
celui-là, et puis bois et prends plaisir; car une fois mort, tu seras
comme lui. » Voilà ce qu'ils font, pendant qu'ils sont réunis pour
boire.

Passage célèbre, cité par Montaigne dans les *Essais*
(I, 20). D'autres allusions à cette coutume égyptienne se
trouvent chez Plutarque, Pétrone, Sénèque. Il ne faut
donc pas vouloir assigner de source précise au poème de
Baudelaire.

l. 38-39 : *le But, dans le seul vrai but....* — Cf. le début de
La Mort des Pauvres :

C'est la Mort qui console, hélas! et qui fait vivre :
C'est le but de la vie, et c'est le seul espoir
Qui, comme un élixir, nous monte et nous enivre
Et nous donne le cœur de marcher jusqu'au soir;

Page 139.   XLVI. PERTE D'AURÉOLE

Première publication dans l'*Édition posthume.*

Un premier crayon de ce poème se lit dans un feuillet
de *Fusées* (qui contient également le premier germe du
Galant Tireur) :

Comme je traversais le boulevard et comme je mettais un peu
de précipitation à éviter les voitures, mon auréole s'est détachée
et est tombée dans la boue du macadam. J'eus heureusement le
temps de la ramasser; mais cette idée malheureuse se glissa un
instant après dans mon esprit, que c'était un mauvais présage;
et dès lors l'idée n'a plus voulu me lâcher; elle ne m'a laissé aucun
repos de toute la journée.

Ce canevas pourrait bien dater des années 1859-1860,
alors que le poème en prose ne semble avoir été composé
qu'en Belgique.

Le poème exprime le divorce du « poète », figure idéale, d'avec le « moi », figure réelle. Il ressemble à une réplique désabusée de *Bénédiction* et de *L'Albatros*.

Page 141. XLVII. MADEMOISELLE BISTOURI

Ms. autogr. collection Godoy.
Première publication dans l'*Édition posthume*.

Poème écrit à Bruxelles et annoncé plusieurs fois dans la *Revue nationale* (septembre 1867), mais écarté comme non publiable.

Peut-être que Baudelaire s'est souvenu d'un personnage parisien décrit par Adrien Marx comme « La Mère Bistouri » (*L'Époque*, 30 janvier 1866, repris dans *L'Événement* le lendemain) :

C'était une vieille fille sèche, au teint jaune, toujours vêtue de noir. Elle logeait dans l'hôpital, attendait le docteur [Lamballe] dans les salles, où elle était arrivée bien avant les internes, et ne quittait pas le chef de service d'une semelle.
Le grand chirurgien en faisait grand cas et ne dédaignait pas de lui confier certaines fonctions dont elle s'acquittait à ravir. Elle avait notamment une légèreté de main impossible à rendre et fendait une plaie avec une vitesse (j'allais dire avec une grâce) que j'ai rarement rencontrée.

l. 25 : *Régnier*. — Une des rares allusions au satirique que l'on trouve chez Baudelaire qui, au dire d'Asselineau, s'est imprégné de Régnier dans sa jeunesse : « Il n'avait guère plus de vingt ans qu'on parlait déjà de lui dans le monde de la jeunesse littéraire et artistique comme d'un poète « original », nourri de bonnes études et procédant des maîtres vigoureux et francs d'avant Louis XIV, particulièrement de Régnier. »

l. 56 : *Maurin*. — Probablement Antoine Maurin (1799-1850), un des élèves d'Ary Scheffer, mentionné dans le *Salon de 1845* et dans le *Peintre de la vie moderne* où il figure, avec Devéria et Numa, parmi les « historiens des grâces interlopes de la Restauration ».

l. 68 : *émeutes*. — Les journées de juin 1848.

l. 129 : *Seigneur, mon Dieu!* — Voir la prière qui termine *A une heure du matin* ainsi que celles de *Mon cœur mis à nu*.

Page 146. XLVIII. ANY WHERE OUT OF THE WORLD

Revue nationale et étrangère, 28 septembre 1867.

A rapprocher des deux *Invitations au Voyage*, des poèmes en prose *La Solitude* et *Les Projets*, ainsi que du *Voyage* des *Fleurs du Mal*.

Le titre provient du *Bridge of Sighs* de Thomas Hood, que Baudelaire a traduit à Bruxelles. Poe avait déjà cité cette formule dans *The Poetic Principle*.

l. 9 : *Lisbonne*. — Comparer l'évocation de ce paysage imaginaire à *Rêve parisien*.

Page 148.   XLIX. ASSOMMONS LES PAUVRES!

Ms. autogr. collection Godoy (Ms).
Première publication dans l'*Édition posthume*.

l. 90 : Ms : [phrase finale] *Qu'en dis-tu, citoyen Proudhon?*

Pièce composée à Bruxelles et écartée comme non publiable par la *Revue nationale*.

C'est probablement au lendemain de la mort de Proudhon (29 janvier 1865), commémorée dans de nombreux articles de presse, que Baudelaire a imaginé cette illustration paradoxale des thèses du révolutionnaire. Il l'avait approché en 1848. Dans *Les Drames et les romans honnêtes* (1851), il écrivait : « Proudhon est un écrivain que l'Europe nous enviera toujours. » Enthousiasme de courte durée. En revanche, Baudelaire conservait son estime à Proudhon l'économiste. Le 2 janvier 1866, à Sainte-Beuve, à propos de ses articles sur Proudhon :

Ce n'est pas, croyez-le bien, que je trouve la réaction, en sa faveur, illégitime. Je l'ai beaucoup lu, et un peu connu. La plume à la main, c'était un *bon bougre ;* mais il n'a pas été et n'eût jamais été un *dandy*. C'est ce que je ne lui pardonnerai jamais. Et c'est ce que j'exprimerai, dussé-je exciter la mauvaise humeur de toutes les grosses bêtes, bien pensantes, de l'*Univers.*

l. 27 : *l'œil d'un magnétiseur*. — Allusion à une pratique courante à l'époque : recours au magnétisme pour accélérer la croissance des primeurs.

l. 36 : *Lélut, Baillarger*. — Célèbres aliénistes de

l'époque; le premier est l'auteur d'un livre, *Du Démon de Socrate* (1836), où il soutient la thèse, non seulement de la folie de Socrate, mais encore de celle du Tasse, de Pascal, de Rousseau, de Swedenborg, etc.

Page 151.   L. LES BONS CHIENS

L'Indépendance belge, 21 juin 1865 (IB).
La Petite Revue, 27 octobre 1866 (PR).
Le Grand Journal, 4 novembre 1866 (GJ), reproduit le texte d'après *La Petite Revue.*
Ms. autogr. collection Godoy (Ms).
Revue nationale et étrangère, 31 août 1867 (RN).

Dédicace : [manque dans le ms.]

l. 17-18 : PR, GJ : la muse familière, *la jeune*, la citadine

l. 28 : Ms, RN : lorette, *à moins qu'il ne soit insolent et hargneux* comme un domestique!

l. 59 : PR, GJ : la pluie *accablante,*

l. 64 : IB : une *remise* de banlieue

l. 67 : PR, GJ, RN : qui accourent de

l. 69 : IB : certaines *demoiselles* sexagénaires; GJ : certaines sexagénaires

l. 80 : IB : comme moi, en *Belgique*, tous ces chiens

l. 90 : PR, GJ : un poêle *allumé et ronflant*, un ou deux instruments;

l. 92-95 : PR, GJ : ces personnages intelligents, qui surveillent

l. 98 : Ms, RN : cuiller *de bois* se dresse

l. 113-114 : RN : si *l'homme*, trop occupé de *son* bonheur, avait le temps

l. 142 : PR, GJ : que le poète *revêt* le gilet

Poème composé en Belgique à propos d'un fait divers rapporté ainsi dans *L'Indépendance belge :*

Nous donnons à nos lecteurs un curieux morceau inédit, composé par M. Charles Baudelaire, à l'occasion d'un gilet qui lui avait été donné par M. Joseph Stevens, sous la condition qu'il écrirait quelque chose sur les chiens des pauvres.
Dans quelques lignes de ce poëme, relatives aux chiens du saltimbanque, le lecteur reconnaîtra la description sommaire d'un des meilleurs tableaux du peintre.

Explication reprise et développée par Poulet-Malassis dans *La Petite Revue* et *Le Grand Journal :*

Les Bons Chiens. — Ce poëme en prose est le seul morceau de littérature de M. Baudelaire qui ait été publié dans un journal belge, durant le séjour qu'il a fait à Bruxelles. Il n'a, d'ailleurs, été pour rien dans l'impression de ce remerciement à un ami qui l'avait gratifié d'un gilet.

Ceci demande explication.

M. Baudelaire a le désir impatient. Certains objets d'art, de curiosité, de toilette, sollicitent irrésistiblement son goût. Tel fut le gilet en question. A la plupart des hommes, ce gilet eût semblé un morceau de velours, sur lequel on se fût assis quelque peu ; en le voyant, le poëte songeait à l'automne, à l'été de la Saint-Martin, aux femmes mûres. C'était un gilet *suggestif.*

Ce prestigieux gilet se bombait, fort noblement, ma foi, sur la poitrine de M. Joseph Stevens, le grand peintre d'animaux, de qui la conversation, toute conciliante et aimable, et la parfaite égalité d'humeur, plaisaient beaucoup à M. Baudelaire. La première fois qu'il le vit, ce gilet : « Oh! fit-il avec enthousiasme, Stevens, que vous avez là un beau gilet! » Et rencontrant M. Stevens quelques jours après, mais avec un autre gilet : « Pourquoi, lui dit-il, d'un ton de reproche, n'avez-vous pas mis votre beau gilet? »

On remplirait une page de variantes d'expressions de ce désir, que M. Stevens, très-impartial à l'endroit de son gilet, s'habitua à considérer comme celles d'une plaisanterie prolongée.

Un soir, enfin, que M. Baudelaire se trouvait à la taverne Horton, il s'exclama à si haute voix, et en prenant à témoin les amis présents, sur la beauté du gilet de M. Stevens, qui entrait, que celui-ci répartit : « Eh bien! mon cher Baudelaire, puisque vous le trouvez si beau, le voulez-vous? — Comment, si je le veux? Mais voilà deux mois que j'en meurs d'envie! »

A l'instant, avec toute la vivacité imaginable, M. Stevens se dépouilla de son paletot, au grand étonnement des habitués de l'endroit, Anglais pour la plupart, qui, considérant la pétulance de son premier geste, avaient espéré une scène de pugilat.

Rentré chez lui avec le gilet de M. Stevens sous le bras, le poëte l'endossa, et sous son influence, célébra la gloire de l'homme magnifique qui venait de le gratifier d'un objet où il voyait tant de choses.

Le tableau de Stevens auquel il est fait allusion dans *L'Indépendance* est sans doute *L'Intérieur du Saltimbanque* qui fut exposé au Salon de 1857 avant d'entrer dans la collection Crabbe où Baudelaire l'a vu ou revu et décrit en ces termes :

Joseph Stevens. Misérable logis de saltimbanques.

Tableau suggestif. Chiens habillés. Le saltimbanque est sorti et a coiffé un de ses chiens d'un bonnet de houzard pour le contraindre à rester immobile devant le miroton qui chauffe sur le poêle. Trop d'esprit.

Dans *Pauvre Belgique*, Baudelaire comptait réserver un développement aux chiens :

Les chiens seuls sont vivants; ils sont les nègres de la Belgique. Chapitre sur les chiens, en qui semble réfugiée la vitalité absente ailleurs.

Les chiens attelés. (Mot de Dubois.)

Le mot de Dubois sur les chiens. (N'amène pas ton chien, il serait humilié de voir ses pareils traîner des voitures. — Au moins, Monsieur, on ne les musèle pas ici.) Beau chapitre à faire sur les vigoureux chiens, sur leur zèle et leur orgueil. On dirait qu'ils veulent [être comparés aux : *ajouté à la main*] humilier les chevaux.

l. 2 : Buffon. — Baudelaire le considérait, au même titre que La Bruyère, Chateaubriand et Gautier, comme un des grands maîtres en matière de langue et de style.

l. 6 : Sterne. — Allusion à *Tristram Shandy* (livre VII, ch. xxxii).

l. 28 : *lorette*. — Mot créé par Nestor Roqueplan (voir Maurice Alhoy, *Physiologie de la lorette*, Aubert, 1841).

l. 50-51 : *Roqueplan*. — Allusion à un feuilleton dont Baudelaire s'est largement inspiré :

Car le chien d'esprit est de cette race de chiens indépendants qui n'endurent ni règles, ni loi, ni domicile. Et comme il faut vivre, ils se soumettent à la loi du domicile à la dernière extrémité, et en descendant à des artifices peu dignes.

Ce chien-là est celui qui va si vite et qui fait dire à tous ceux dont il frôle les pantalons : où vont les chiens! Il va... il va où la passion l'emporte. Tantôt c'est une chienne de qualité qui l'a remarqué et attiré par des coquetteries un jour qu'il passait dans un quartier riche et qu'il regardait le balcon d'un bel hôtel. Il a pris l'adresse et est allé dîner, et le soir il trotte le plus de travers possible vers l'hôtel de la señora, au risque d'être assommé par le portier, dont la femme finit par s'attendrir et favoriser une union mal assortie sous le rapport des convenances sociales. [...]

En un mot, c'est un chien qui court, qui a l'air affairé, qui s'arrête brusquement au coin d'une rue pour reprendre ensuite son allure avec résolution; il va pour aller, pour n'être plus où il était.

l. 120 : Swedenborg. — Voir *La Vraie Religion chrétienne*, traduit du latin par Le Boys des Gouays, Paris 1853, t. III, § 800-805.

Page 156.   ÉPILOGUE

Première publication dans l'*Édition posthume*.
Manuscrit autographe Bibliothèque littéraire Jacques Doucet.

C'est sans doute à tort que les premiers éditeurs des *Œuvres complètes* de Baudelaire ont placé cet *Épilogue* à la fin des *Poëmes en prose*, où il détonne doublement, par sa forme et par sa faiblesse. Ce poème auquel il ne manque pas seulement le dernier vers mais dont le mouvement fait espérer une suite, constitue très vraisemblablement le début de l'épilogue, en « tercets ronflants » adressés à la ville de Paris, que Baudelaire avait l'intention de joindre à la deuxième édition des *Fleurs du Mal* (voir la lettre à Poulet-Malassis de juin 1860). En effet, l'ébauche de trente-quatre vers, seul autre reliquat connu de ce projet (voir l'édition des *Fleurs du Mal* publiée dans la même collection), se rattache parfaitement au manuscrit de la Bibliothèque Doucet. Les « plaisirs que ne comprennent pas les vulgaires profanes » semblent bien être ceux qu'évoque le début de ce deuxième manuscrit : les « bombes », les « poignards », les « victoires », les « fêtes », les « faubourgs mélancoliques », les « hôtels garnis », les « jardins pleins de soupirs et d'intrigues », les « temples vomissant la prière en musique », etc.

v. 3 : Hôpital, lupanar, purgatoire, enfer, bagne. — Tous ces termes, à l'exception du premier et peut-être du dernier, représentent des images courantes pour désigner la capitale.

Le dicton, « paradis des femmes, purgatoire des hommes, enfer des chevaux », est attesté dès la fin du XVIe siècle. « Enfer » est un cliché employé par nombre d'auteurs, dont Mercier, Chamfort, Balzac, Vigny, Gautier, Nerval. Les termes de « lupanar » et de « bagne » se trouvent également dans d'autres textes du XIXe siècle.

Seule l'expression « hôpital » semble être rare et typiquement baudelairienne. Des comparaisons analogues se retrouvent dans d'autres poèmes en prose (*Le Crépus-*

cule du soir, Anywhere out of the world) et en vers *(Réversibilité, Le Crépuscule du Soir).*

Voir, pour l'ensemble de ce texte, la thèse de Pierre Citron, *La Poésie de Paris dans la littérature française de Rousseau à Baudelaire,* Ed. de Minuit, 1961, 2 vol.

Page 157.   RELIQUAT

Cette section réunit tous les manuscrits actuellement connus qui ont trait aux *Poëmes en prose.* Aucun d'eux n'est daté, mais ils appartiennent tous aux dernières années de la vie de Baudelaire et ont été écrits, vraisemblablement, en Belgique, entre 1864 et 1866. Si les *Listes de projets* nous donnent une idée de l'ampleur que Baudelaire voulait donner à ce recueil, les rares ébauches nous permettent de jeter un regard furtif dans le laboratoire du poète.

Page 159.   LISTES DE PROJETS

Les *Petits Poëmes en prose,* selon une expression qui revient plusieurs fois dans la *Correspondance,* devraient faire « pendant » aux *Fleurs du Mal.* La première édition de celles-ci comptait cent poèmes. C'est également le nombre des *Poëmes en prose* projetés par Baudelaire. Mais le poète n'avait guère la force d'aller au-delà de la cinquantaine. « Dans *Le Spleen de Paris,* il y aura 100 morceaux — il en manque encore 30 », écrivait-il à Hetzel le 8 octobre 1863, non sans quelque exagération. Car, dix-huit mois plus tard, le 4 mai 1865, il avoue à Sainte-Beuve : « Faire *cent* bagatelles laborieuses [...]. Je n'en suis qu'à *soixante* et je ne peux plus aller. » Témoignage confirmé par Poulet-Malassis : « Il en voulait faire cent pour choisir, car sur les 70 faits, il y en avait de faibles et d'autres qui font double emploi » (à Asselineau, le 27 septembre 1866).

Il semble donc que plusieurs morceaux furent écartés de l'*Édition posthume*. De quelques-uns, nous connaissons un canevas plus ou moins développé.

A comparer ces documents conservés à la Bibliothèque littéraire Jacques Doucet, on constate que la plupart des titres se retrouvent dans au moins deux des trois listes. Au total, 65 titres. Ceux qui appellent des commentaires suivront par ordre alphabétique.

Les aliénistes. — Baudelaire comptait sans doute s'égayer aux dépens de Lélut et Baillarger qu'il avait déjà brocardés dans *Assommons les pauvres !*

Appartements inconnus. — Titre qui figure également dans le feuillet A, sous la rubrique « Mes rêves » qui correspond en partie à celle d' « Onéirocritie ». Il voisine avec des titres qui semblent avoir trait à des souvenirs d'enfance ou de jeunesse du poète et on peut se demander si Baudelaire aurait ici traduit quelque vision onirique de son enfance. Peut-être faut-il rapprocher ce projet de cette note de *Fusées* : « Mes ancêtres, idiots ou maniaques, dans des appartements solennels, tous victimes de terribles passions. »

L'autel de Moloch. — Peut-être à rapprocher du projet de roman ou de nouvelle *L'holocauste*.

Le boa. — Figure également parmi les projets de romans et de nouvelles.

Le chapelet. — On se rappellera cette note de *Fusées* : « Le chapelet est un médium, un véhicule; c'est la prière mise à la portée de tous. »

Le choléra à l'opéra. — Allusion à une planche de Rethel qui est mentionnée dans le feuillet G.

La cour des messageries. — Allusion au tableau de Boilly décrit dans le feuillet F.

Les derniers chants de Lucain. — Baudelaire s'était déjà inspiré de *La Pharsale* dans *Le Désir de peindre*.

Les deux ivrognes. — A rapprocher du premier chapitre de l'essai *Du Vin et du Hachish* (1851).

Distribution de vivres. — Parmi les projets de romans et de nouvelles, on trouve cette note qui se rapporte peut-être à la même idée : « Supposer un pauvre affamé voulant profiter d'une fête publique et d'une distribution de vivres pour manger. Il est bousculé et assommé par la multitude. »

La douce visiteuse. — Planche de Rethel mentionnée dans le feuillet G.

Du haut des Buttes Chaumont. — A rapprocher de l'*Épilogue.*

Les escaliers. — Projet éventuellement analogue aux *Symptômes de ruines.*

La fin du monde. — Ce poème est annoncé comme « fait » dans une lettre à Houssaye (fin décembre 1861). Il s'agit probablement de l'admirable morceau qui se lit dans le *Carnet :*

Le monde va finir. La seule raison pour laquelle il pourrait durer, c'est qu'il existe. Que cette raison est faible, comparée à toutes celles qui annoncent le contraire, particulièrement à celle-ci : qu'est-ce que le monde a désormais à faire sous le ciel? — Car, en supposant qu'il continuât à exister matériellement, serait-ce une existence digne de ce nom et du dictionnaire historique? Je ne dis pas que le monde sera réduit aux expédients et au désordre bouffon des républiques du Sud-Amérique, — que peut-être même nous retournerons à l'état sauvage, et que nous irons, à travers les ruines herbues de notre civilisation, chercher notre pâture, un fusil à la main. Non; — car ce sort et ces aventures supposeraient encore une certaine énergie vitale, écho des premiers âges. Nouvel exemple et nouvelles victimes des inexorables lois morales, nous périrons par où nous avons cru vivre. La mécanique nous aura tellement américanisés, le progrès aura si bien atrophié en nous toute la partie spirituelle, que rien parmi les rêveries sanguinaires, sacrilèges, ou anti-naturelles des utopistes ne pourra être comparé à ses résultats positifs. Je demande à tout homme qui pense de me montrer ce qui subsiste de la vie. De la religion, je crois inutile d'en parler et d'en chercher les restes, puisque se donner encore la peine de nier Dieu est le seul scandale en pareilles matières. La propriété avait disparu virtuellement avec la suppression du droit d'aînesse; mais le temps viendra où l'humanité, comme un ogre vengeur, arrachera leur dernier morceau à ceux qui croiront avoir hérité légitimement des révolutions. Encore, là ne serait pas le mal suprême.

L'imagination humaine peut concevoir, sans trop de peine, des républiques ou autres états communautaires, dignes de quelque gloire, s'ils sont dirigés par des hommes sacrés, par de certains aristocrates. Mais ce n'est pas particulièrement par des institutions politiques que se manifestera la ruine universelle, ou le progrès universel; car peu m'importe le nom. Ce sera par l'avilissement des cœurs. Ai-je besoin de dire que le peu qui restera de politique se débattra péniblement dans les étreintes de l'animalité générale, et que les gouvernants seront forcés, pour se maintenir et pour créer un fantôme d'ordre, de recourir à des moyens qui feraient frissonner notre humanité actuelle, pourtant si endurcie? — Alors, le fils fuira la famille, non pas à dix-huit ans, mais à douze, émancipé par sa précocité gloutonne; il la fuira, non pas pour chercher des aventures héroïques, non pas pour délivrer une beauté prisonnière dans une tour, non pas pour immortaliser un galetas par de sublimes pensées, mais pour fonder un commerce, pour s'enrichir, et pour faire concurrence à son infâme papa, — fondateur et actionnaire d'un journal qui répandra les lumières et qui ferait considérer le *Siècle* d'alors comme un suppôt de la superstition. — Alors, les errantes, les déclassées, celles qui ont eu quelques amants, et qu'on appelle parfois des anges, en raison et en remerciement de l'étourderie qui brille, lumière de hazard, dans leur existence logique comme le mal, — alors celles-là, dis-je, ne seront plus qu'impitoyable sagesse, sagesse qui condamnera tout, fors l'argent, tout, même *les erreurs des sens !* — Alors, ce qui ressemblera à la vertu, — que dis-je, — tout ce qui ne sera pas l'ardeur vers Plutus sera réputé un immense ridicule. La justice, si, à cette époque fortunée, il peut encore exister une justice, fera interdire les citoyens qui ne sauront pas faire fortune. — Ton épouse, ô Bourgeois! ta chaste moitié dont la légitimité fait pour toi la poésie, introduisant désormais dans la légalité une infamie irréprochable, gardienne vigilante et amoureuse de ton coffre-fort, ne sera plus que l'idéal parfait de la femme entretenue. Ta fille, avec une nubilité enfantine rêvera dans son berceau, qu'elle se vend un million. Et toi-même, ô Bourgeois, — moins poëte encore que tu n'es aujourd'hui, — tu n'y trouveras rien à redire; tu ne regretteras rien. Car il y a des choses dans l'homme, qui se fortifient et prospèrent à mesure que d'autres se délicatisent et s'amoindrissent, et, grâce au progrès de ces temps, il ne te restera de tes entrailles que des viscères! — Ces temps sont peut-être bien proches; qui sait même s'ils ne sont pas venus, et si l'épaississement de notre nature n'est pas le seul obstacle qui nous empêche d'apprécier le milieu dans lequel nous respirons!

Quant à moi qui sens quelquefois en moi le ridicule d'un prophète, je sais que je n'y trouverai jamais la charité d'un médecin. Perdu dans ce vilain monde, coudoyé par les foules, je suis comme un homme lassé dont l'œil ne voit en arrière, dans les années profondes, que désabusement et amertume, et devant lui qu'un orage où rien de neuf n'est contenu, ni enseignement, ni douleur. Le soir où cet homme a volé à la destinée quelques heures de plaisir, bercé dans sa digestion, oublieux — autant que possible — du passé, content du présent et résigné à l'avenir, enivré de son sang-froid et de son dandysme, fier de n'être pas aussi bas que ceux qui passent, il se dit en contemplant la fumée de son cigarre : Que m'importe où vont ces consciences?

Je crois que j'ai dérivé dans ce que les gens du métier appellent un hors-d'œuvre. Cependant, je laisserai ces pages, — parce que je veux dater ma [colère, *surchargé en :*] tristesse.

Melancholia. — Baudelaire comptait sans doute s'inspirer de la célèbre planche de Dürer qui avait également frappé l'imagination de Gautier et de Nerval. L'interprétation qu'il en aurait donnée aurait sans doute été différente de celle de Michelet, comme il appert de ce passage de *L'Art philosophique* :

M. Michelet a tenté d'interpréter minutieusement la *Melancholia* d'Albert Dürer; son interprétation est suspecte, relativement à la seringue, particulièrement.

D'ailleurs, même à l'esprit d'un artiste philosophe, les accessoires s'offrent, non pas avec un caractère littéral et précis, mais avec un caractère poétique, vague et confus, et souvent c'est le traducteur qui invente *les intentions.*

Le palais sur la mer. — Peut-être à rapprocher du poème de Poe, *The City in the Sea.*

Le père qui attend. — Se retrouve parmi les projets de nouvelles.

Les Reproches du portrait. — Probablement celui de Joseph-François Baudelaire, exécuté par le chevalier Regnault et que le poète a traîné d'hôtel en hôtel jusqu'à son départ pour la Belgique.

Le Rêve avertisseur. — Figure également parmi les projets de nouvelles et, sous le titre, « Le rêve prophète », parmi les projets de romans.

Le séduisant croque-mort. — Le point de départ de ce poème aurait peut-être été une lithographie de Daumier, *Association en commandite pour l'exploitation de l'humanité. A la santé des pratiques,* que Baudelaire a ainsi décrite dans son essai sur *Quelques caricaturistes français* :

Figurez-vous un coin très-retiré d'une barrière inconnue et peu passante, accablée d'un soleil de plomb. Un homme d'une tournure assez funèbre, un croque-mort ou un médecin, trinque et boit chopine sous un bosquet sans feuilles, un treillis de lattes poussiéreuses, en tête-à-tête avec un hideux squelette. A côté est posé le sablier et la faux. Je ne me rappelle pas le titre de cette planche. Ces deux vaniteux personnages font sans doute un pari homicide ou une savante discussion sur la mortalité.

Symptômes de ruine. — Voir le feuillet D.

Une rancune satisfaite. — Se retrouve plusieurs fois parmi les projets de romans et de nouvelles.

Page 164.　　　　　PLANS ET NOTES

Symptômes de ruine. — Figure dans les listes de projets dans la rubrique « Onéirocritie ». Un des derniers textes de Baudelaire : « Rêve authentique et prémonition de la catastrophe psychique et somatique qui attend Baudelaire » (Pierre Jean Jouve). Ce texte n'est pas sans rappeler la description des *Carceri* de Piranèse par De Quincey.

Feuillet G. — Allusion à deux planches de Rethel, ainsi décrites par Baudelaire dans *L'Art philosophique :*

Deux planches se faisant antithèse. La première : *Première invasion du choléra à Paris, au bal de l'Opéra.* Les masques roides, étendus par terre, caractère hideux d'une pierrette dont les pointes sont en l'air et le masque dénoué; les musiciens qui se sauvent avec leurs instruments; allégorie du fléau impassible sur son banc; caractère généralement macabre de la composition. La seconde, une espèce de *bonne mort* faisant contraste ; un homme vertueux et paisible est surpris par la mort dans son sommeil; il est situé dans un lieu haut, un lieu sans doute où il a vécu de longues années; c'est une chambre dans un clocher d'où l'on aperçoit les champs et un vaste horizon, un lieu fait pour pacifier l'esprit; le vieux bonhomme est endormi dans un fauteuil grossier, la Mort joue un air enchanteur sur le violon. Un grand soleil, coupé en deux par la ligne de l'horizon, darde en haut ses rayons géométriques. — *C'est la fin d'un beau jour.*

Un petit oiseau est perché sur le bord de la fenêtre et regarde dans la chambre; vient-il écouter le violon de la Mort, ou est-ce une allégorie de l'âme prête à s'envoler?

BIBLIOGRAPHIE

I. Répertoire chronologique des publications préoriginales des Petits Poëmes en prose

1855

FONTAINEBLEAU. — Hommage à C. F. DENECOURT. — *Paysages — Légendes — Souvenirs — Fantaisies*, par Charles Asselineau, Philibert Audebrand, Théodore de Banville, Baudelaire, [etc], Hachette, p. 73-80 : « Les Deux Crépuscules » :

> A Fernand Desnoyers [lettre]
> Le Soir [vers]
> Le Matin [vers]
> Le Crépuscule du Soir
> La Solitude

1857

LE PRÉSENT. — *Revue hebdomadaire de la littérature et des beaux-arts*, 1re année, t. I, no 8, 24 août 1857, p. 284-290 : « Poëmes nocturnes » :

> Le Crépuscule du Soir *
> La Solitude *
> Les Projets
> L'Horloge
> La Chevelure
> L'Invitation au Voyage

Enfin la mention : *La suite prochainement.*

1861

REVUE FANTAISISTE, 18e livraison, 1er novembre 1861, p. 323-334 : « Poëmes en Prose » :

> I. — Le Crépuscule du Soir **
> II. — La Solitude **
> III. — Les Projets *
> IV. — L'Horloge *

V. — La Chevelure *
VI. — L'Invitation au Voyage *
VII. — Les Foules
VIII. — Les Veuves
IX. — Le Vieux Saltimbanque

Enfin la mention : *La suite à la prochaine livraison.* Or, la *Revue fantaisiste* meurt avec le numéro suivant.

1862

LA PRESSE, 26 et 27 août, 24 septembre : « Petits Poëmes en Prose » :

A Arsène Houssaye

I. — L'Étranger
II. — Le Désespoir de la Vieille
III. — Le *Confiteor* de l'Artiste
IV. — Un Plaisant
V. — La Chambre double
VI. — Chacun la sienne
VII. — Le Fou et la Vénus
VIII. — Le Chien et le Flacon
IX. — Le mauvais Vitrier

Enfin la mention : *La suite à demain.*

X. — A une heure du matin
XI. — La Femme sauvage et la petite maîtresse
XII. — Les Foules *
XIII. — Les Veuves *
XIV. — Le Vieux Saltimbanque *

Suit la mention : *La suite prochainement.*

XV. — Le Gâteau
XVI. — L'Horloge **
XVII. — Un hémisphère dans une chevelure.
          Poème exotique **
XVIII. — L'Invitation au Voyage **
XIX. — Le Joujou du Pauvre
XX. — Les Dons des Fées

Enfin la mention : *La suite prochainement.* Pour le quatrième feuilleton, qui a été composé, mais non publié, voir la notice, p. 189.

1863

REVUE NATIONALE ET ÉTRANGÈRE, 10 juin, p. 386-389 :
« Petits Poëmes en Prose » :
    Les Tentations ou Éros, Plutus et la Gloire
    La Belle Dorothée
LE BOULEVARD, 14 juin, p. 3 : « Poëmes en prose » :
    I. — [Sans titre : Les Bienfaits de la Lune]
    II. — Laquelle est la vraie?
REVUE NATIONALE ET ÉTRANGÈRE, 10 octobre et 10 décembre, p. 506-510 et p. 340-343 : « Petits Poëmes en prose » :
    I. — Une mort héroïque
    II. — Le Désir de peindre

        Le Thyrse (A Franz Liszt)
        Les Fenêtres
        Déjà!

1864

LE FIGARO, 7 et 14 février, p. 3-5 et p. 3-4 : « Le Spleen de Paris. Poëmes en prose »; « chapeau » signé par G. Bourdin :
    La Corde (A Édouard Manet)
    Le Crépuscule du Soir ***
    Le Joueur généreux
    Enivrez-vous
Suit la mention : *Sera continué.*
    Les Vocations
    Un cheval de race
Enfin la mention : *Sera continué.*
LA SEMAINE DE CUSSET ET DE VICHY, 28 mai 1864 :
    Les Vocations *
LA VIE PARISIENNE, 2 juillet et 13 août, p. 377 et p. 464 :
    Les Yeux des Pauvres [sans signature; texte exhumé par M. W. T. Bandy, *RHLF*, avril-juin 1953, p. 206-207].
    Les Projets** [signé C.B.]
L'ARTISTE, 1er novembre, p. 209-211 : « Petits Poëmes en prose » :
    Une mort héroïque *

La Fausse Monnaie
La Corde *

Nouvelle Revue de Paris, 1re année, seconde période, t. VIII, 25 décembre, p. 49-54 : « Le Spleen de Paris. Poëmes en prose » :

    I. — Les Yeux des Pauvres *
    II. — Les Projets ***
    III. — Le Port
    IV. — Le Miroir
    V. — La Solitude ***
    VI. — La Fausse Monnaie *

1865

L'Indépendance belge, 21 juin, p. 3 :
Les Bons Chiens (A. M. Joseph Stevens)

1866

Revue du xixe siècle, 1er juin, p. 494-497 : « Petits Poèmes lycanthropes » :

    I. — La Fausse Monnaie **
    II. — Le Diable * [Le Joueur généreux]

L'Événement, 12 juin, p. 3 : « Le Spleen de Paris » :
La Corde (A Edouard Manet) **
[précédé d'un avertissement par Alphonse Duchesne]

La Petite Revue, 27 octobre, p. 166-171 :
Les Bons Chiens (A M. Joseph Stevens) * ᵃ

Le Grand Journal, 4 novembre, p. 3 :
Les Bons Chiens (A M. Joseph Stevens) **
[publié d'après *La Petite Revue*, précédé d'un avertissement par Poulet-Malassis]

1867

Revue nationale et étrangère, 2e série, t. I, n°s 5, 6, 7, 8, 9 et 10, du 31 août, des 7, 14, 21, 28 septembre et du 11 octobre, p. 105-106, 137-138, 154, 181-183, 212, 258 :
Les Bons Chiens ***
L'Idéal et le Réel * [Laquelle est la vraie?]
Les Bienfaits de la Lune (A Mademoiselle B.) *

Portraits de maîtresses

Any where out of the world. N'importe où hors du
   monde

Le Tir et le Cimetière

1869

Poèmes publiés pour la première fois dans le t. IV des
Œuvres complètes (Michel Lévy, 1869) :

Le Galant Tireur

La Soupe et les Nuages

Perte d'auréole

Mademoiselle Bistouri [annoncé dans la *Revue natio-
   nale* du 28 septembre 1866, sans que l'on en trouve
   trace, cependant, dans les numéros suivants]

Assommons les pauvres!

Épilogue

II. ORIENTATION BIBLIOGRAPHIQUE GÉNÉRALE

Les ouvrages et articles consacrés à la vie et à l'œuvre
de Baudelaire sont probablement plus nombreux que les
travaux dévolus à n'importe quel autre écrivain français.
On ne retiendra ici qu'un choix restreint de titres, en pré-
férant ceux qui pourront guider le lecteur vers d'autres
recherches.

Paris, lieu d'édition, n'est pas mentionné dans les réfé-
rences.

1. *Bibliographies, états présents, catalogues d'exposition,
   périodiques et publications spécialisés.*

BANDY (W. T.), *Répertoire des écrits sur Baudelaire*, Madi-
   son, 1953; ronéotypé à 50 exemplaires, 5029 références.
   La nouvelle version de cet instrument de travail exem-
   plaire comportera plus de 15 000 références.

CARGO (R. F.), *Baudelaire Criticism 1950-1967. A critical
   Bibliography*, University of North Caroline Press, 1969.

PICHOIS (Claude), « Esquisse d'un état présent des études
   baudelairiennes », *L'Information littéraire*, janvier-
   février 1958, p. 8-17.

PICHOIS (Claude), « Pour une prospective baudelairienne »,
Études littéraires, Université Laval, avril 1968, p. 125-128.

Charles Baudelaire. Exposition organisée pour le Cente-
naire des *Fleurs du Mal*. Bibliothèque Nationale, 1957.

Baudelaire. Petit Palais, 23 novembre 1968 — 17 mars 1969.

Bulletin baudelairien. Vanderbilt University, p.p. W. T.
Bandy J. S. Patty, Cl. Pichois, R. P. Poggenburg.
Paraît deux fois par an depuis 1965.

Études baudelairiennes, p.p. M. Eigeldinger, R. Kopp,
Cl. Pichois; Neuchâtel, Éditions de la Baconnière,
paraissent depuis 1969.

2. *Éditions complètes et critiques.*

Œuvres complètes, p.p. J. Crépet et Cl. Pichois, Conard-
Lambert, 1922-1953, 19 vol.

Œuvres complètes, édition établie par Y.-G. Le Dantec,
révisée, complétée et présentée par Claude Pichois,
« Bibliothèque de la Pléiade », 1971.

Les Fleurs du Mal, p.p. J. Crépet, G. Blin, Cl. Pichois;
Corti, 1968.

Les Fleurs du Mal, p.p. Cl. Pichois, « Poésie/Gallimard », 1972.

Petits Poëmes en prose, p.p. R. Kopp; Corti, 1969.

Le Salon de 1845, p.p. A. Ferran; Toulouse, L'Archer, 1933.

3. *Livres d'initiation.*

PIA (Pascal), *Baudelaire par lui-même*, Éditions du Seuil,
1952.

RUFF (M. A.), *Baudelaire*, Hatier, coll. « Connaissance des
lettres », 1955.

KOPP (Robert), *Qui était Baudelaire?*, Genève, Skira, 1969;
suivi d'un essai par G. Poulet.

4. *Études biographiques et iconographiques.*

CRÉPET (Jacques), *Baudelaire*, Messein, 1906.

BANDY (W. T.) et PICHOIS (Claude), *Baudelaire devant
ses contemporains*, Union générale d'édition, coll.
« 10 × 18 », 1967.

PICHOIS (Claude) et RUCHON (François), *Iconographie de Baudelaire*, Genève, Cailler, 1960.

PICHOIS (Claude), *Baudelaire à Paris*, Hachette, 1967.

5. *Exégèses et interprétation.*

BLIN (Georges), *Baudelaire*, Gallimard. 1939.

BLIN (Georges), *Le Sadisme de Baudelaire*, Corti, 1948. (Contient la meilleure étude consacrée aux *Petits Poëmes en prose.*)

POMMIER (Jean), *Dans les chemins de Baudelaire*, Corti, 1945.

SARTRE (J.-P.), *Baudelaire*, Gallimard, 1947.

PRÉVOST (Jean), *Baudelaire. Essai sur l'inspiration poétique*, Mercure de France, 1953, réimpression 1964.

RUFF (M. A.), *L'Esprit du mal et l'esthétique baudelairienne*, Armand Colin, 1955.

AUSTIN (L. J.), *L'Univers poétique de Baudelaire*, Mercure de France, 1956.

CRÉPET (Jacques), *Propos sur Baudelaire*, Mercure de France, 1957.

BOPP (Léon), *Psychologie des « Fleurs du Mal »*, Genève, Droz, 1964-1966, 3 vol.

EMMANUEL (Pierre), *Baudelaire devant Dieu*, Desclée-De Brouwer, 1967.

MILNER (Max), *Baudelaire. Enfer ou ciel, qu'importe?*, Plon, 1967.

PICHOIS (Claude), *Baudelaire. Études et témoignages*, Neuchâtel, Éditions de la Baconnière, 1967.

GALAND (René), *Baudelaire. Poétiques et poésie*, Nizet, 1969.

LEAKEY (F. W.), *Baudelaire and Nature*, Manchester University Press, 1969.

6. *Sur les « Petits Poëmes en prose »*

BERNARD (Suzanne), *Le Poème en prose de Baudelaire à nos jours*, Nizet, 1959.

MAURON (Charles), *Le Dernier Baudelaire*, Corti, 1966.

FAIRLIE (Alison), « Observations sur les *Petits Poëmes en prose* », *Revue des sciences humaines*, juillet-septembre 1967.

Introduction

PETITS POÈMES EN PROSE

A Arsène Houssaye	21
I. *L'Étranger*	23
II. *Le Désespoir de la Vieille*	24
III. *Le Confiteor de l'Artiste*	25
IV. *Un Plaisant*	27
V. *La Chambre double*	28
VI. *Chacun sa Chimère*	31
VII. *Le Fou et la Vénus*	33
VIII. *Le Chien et le Flacon*	35
IX. *Le Mauvais Vitrier*	36
X. *A une heure du matin*	40
XI. *La Femme sauvage et la Petite-Maîtresse*	42
XII. *Les Foules*	45
XIII. *Les Veuves*	47
XIV. *Le Vieux Saltimbanque*	51
XV. *Le Gâteau*	54
XVI. *L'Horloge*	57
XVII. *Un Hémisphère dans une Chevelure*	59
XVIII. *L'Invitation au Voyage*	61
XIX. *Le Joujou du Pauvre*	65
XX. *Les Dons des Fées*	67
XXI. *Les Tentations ou Éros, Plutus et la Gloire*	71
XXII. *Le Crépuscule du Soir*	76
XXIII. *La Solitude*	79
XXIV. *Les Projets*	81
XXV. *La Belle Dorothée*	83

Table

XXVI.	*Les Yeux des Pauvres*	86
XXVII.	*Une mort héroïque*	89
XXVIII.	*La Fausse Monnaie*	95
XXIX.	*Le Joueur généreux*	98
XXX.	*La Corde*	103
XXXI.	*Les Vocations*	108
XXXII.	*Le Thyrse*	113
XXXIII.	*Enivrez-vous*	115
XXXIV.	*Déjà !*	116
XXXV.	*Les Fenêtres*	118
XXXVI.	*Le Désir de peindre*	119
XXXVII.	*Les Bienfaits de la Lune*	121
XXXVIII.	*Laquelle est la vraie ?*	123
XXXIX.	*Un Cheval de race*	125
XL.	*Le Miroir*	127
XLI.	*Le Port*	128
XLII.	*Portraits de maîtresses*	129
XLIII.	*Le Galant Tireur*	135
XLIV.	*La Soupe et les Nuages*	136
XLV.	*Le Tir et le Cimetière*	137
XLVI.	*Perte d'Auréole*	139
XLVII.	*Mademoiselle Bistouri*	141
XLVIII.	*Any where out of the world*	146
XLIX.	*Assommons les pauvres !*	148
L.	*Les Bons Chiens*	151
Épilogue		156

RELIQUAT

Listes de projets	159
Plans et notes	164

DOSSIER

Chronologie	171
Notice	188
Notes et variantes	191
Bibliographie	247
Répertoire chronologique des publications préoriginales	
des Petits Poëmes en prose	247
Orientation bibliographique générale	251

DERNIÈRES PARUTIONS

234. René Char — *Éloge d'une Soupçonnée.*
235. Henri Michaux — *La vie dans les plis.*
236. Robert Sabatier — *Les Châteaux de millions d'années.*
237. Norge — *Poésies 1923-1988.*
238. Octavio Paz — *Le Feu de chaque jour.*
239. Claude Roy — *À la lisière du temps.*
240. Edmond Jabès — *Le Seuil Le Sable.*
241. Pierre Louÿs — *Les Chansons de Bilitis.*
242. Miguel Angel Asturias — *Poèmes indiens.*
243. Georg Trakl — *Crépuscule et déclin.*
244. Henri Michaux — *Misérable miracle.*
245. Guillevic — *Étier* suivi de *Autres.*
246. Adonis — *Mémoire du vent.*
247. Max Jacob — *Poèmes de Morven le Gaëlique.*
248. Dylan Thomas — *Vision et Prière.*
249. *** — *Chansons françaises de la Renaissance.*
250. Eugenio Montale — *Poèmes choisis (1916-1980).*
251. Herman Melville — *Poèmes de guerre.*
252. André du Bouchet — *Dans la chaleur vacante.*
253. Gaspara Stampa — *Poèmes.*
254. Daniel Boulanger — *Intailles.*
255. Martial — *Épigrammes.*
256. Michel-Ange — *Poèmes.*
257. John Donne — *Poèmes.*
258. Henri Michaux — *Face aux verrous.*
259. William Faulkner — *Le Faune de marbre. Un rameau vert.*

260. Walt Whitman — *Poèmes.*
261. Stéphane Mallarmé — *Poésies.*
262. Yves Bonnefoy — *Rue Traversière.*
263. *** — *Anthologie de la poésie française du XIXᵉ siècle, II.*
264. Hugo von Hofmannsthal — *Lettre de Lord Chandos.*
265. Paul Valéry — *Ego scriptor.*
266. Goethe — *Élégie de Marienbad.*
267. Lorand Gaspar — *Égée. Judée.*
268. Jacques Réda — *Les Ruines de Paris.*
269. Jude Stéfan — *À la Vieille Parque.*
270. Rainer Maria Rilke — *Lettres à un jeune poète.*
271. Pierre Torreilles — *Denudare.*
272. Friedrich Hölderlin — *Odes. Élégies. Hymnes.*
273. W.B. Yeats — *Quarante-cinq poèmes.*
274. Bernard Noël — *La Chute des temps.*
275. *** — *Anthologie de la poésie russe.*
276. André Chénier — *Poésies.*
277. Philippe Jaccottet — *À la lumière d'hiver.*
278. Daniel Boulanger — *Hôtel de l'image.*
279. Charles Leconte de Lisle — *Poèmes antiques.*
280. Alexandre Pouchkine — *Poésies.*
281. Elizabeth Browning — *Sonnets portugais.*
282. Henri Michaux — *L'Infini turbulent.*
283. Rainer Maria Rilke — *Élégies de Duino. Sonnets à Orphée.*
284. Maurice Blanchard — *Les Barricades mystérieuses.*
285. Omar Khayam — *Rubayat.*
286. Agrippa d'Aubigné — *Les Tragiques.*
287. Jean Cassou — *Trente-trois sonnets composés au secret.*
288. *** — *La planche de vivre.*
289. Pierre Jean Jouve — *Dans les années profondes.*
290. John Milton — *Le Paradis perdu.*
291. Pablo Neruda — *La Centaine d'amour.*
292. Yves Bonnefoy — *Ce qui fut sans lumière.*
293. Pier Paolo Pasolini — *Poèmes de jeunesse.*
294. Jacques Audiberti — *Ange aux entrailles.*
295. Henri Pichette — *Apoèmes.*
296. Stéphane Mallarmé — *Vers de circonstance.*
297. John Keats — *Poèmes et poésies.*
298. Paul Claudel — *Cent phrases pour éventails.*

299. Louis Calaferte   *Rag-time.*
300. André Breton   *Poisson soluble.*
301. David Herbert Lawrence   *Poèmes.*
302. ***   *Les Poètes du Chat Noir.*
303. Joachim Du Bellay   *Divers Jeux rustiques.*
304. Juvénal   *Satires.*
305. Odysseus Elytis   *Axion Esti.*
306. Nuno Júdice   *Un chant dans l'épaisseur du temps.*
307. Pentti Holappa   *Les Mots longs.*
308. Max Elskamp   *La Chanson de la rue Saint-Paul.*
309. ***   *Anthologie de la poésie religieuse française.*
310. René Char   *En trente-trois morceaux.*
311. Friedrich Nietzsche   *Poèmes. Dithyrambes pour Dionysos.*
312. Daniel Boulanger   *Les Dessous du ciel.*
313. Yves Bonnefoy   *La Vie errante. Remarques sur le dessin.*
314. Jean de la Croix   *Nuit obscure. Cantique spirituel.*
315. Saint-Pol-Roux   *La Rose et les Épines du chemin.*
316. ***   *Anthologie de la poésie française du XVIIIᵉ siècle.*
317. Philippe Jaccottet   *Paysages avec figures absentes.*
318. Heinrich Heine   *Nouveaux poèmes.*
319. Henri Michaux   *L'Espace du dedans.*
320. Pablo Neruda   *Vingt poèmes d'amour. Les vers du capitaine.*
321. José Ángel Valente   *Trois leçons de ténèbres.*
322. Yves Bonnefoy   *L'Arrière-pays.*
323. André du Bouchet   *L'ajour.*
324. André Hardellet   *La Cité Montgol.*
325. António Ramos Rosa   *Le cycle du cheval.*
326. Paul Celan   *Choix de poèmes.*
327. Nâzim Hikmet   *Il neige dans la nuit.*
328. René Char   *Commune présence.*
329. Gaston Miron   *L'homme rapaillé.*
330. André Breton   *Signe ascendant.*
331. Michel Deguy   *Gisants.*
332. Jean Genet   *Le condamné à mort.*
333. O. V. de L. Milosz   *La Berline arrêtée dans la nuit.*
334. ***   *Soleil du soleil.*
335. Jean Racine   *Cantiques spirituels.*

Ce volume,
le quatre-vingt-quinzième
de la collection Poésie,
a été achevé d'imprimer sur les presses
de l'imprimerie Bussière à Saint-Amand (Cher),
le 3 août 1999.
Dépôt légal : août 1999.
1ᵉʳ dépôt légal dans la collection : septembre 1973.
Numéro d'imprimeur : 1718.

ISBN 2-07-031999-7./Imprimé en France.

92729